ENTRE VERSOS E MELODIAS

CULTIVANDO SERENIDADE NO MUNDO DA IA

Uma viagem através de sons, poesia e harmonia digital

Redefinindo a paz na era da criatividade inteligente

NATHAN NIFCO, Ph.D.

Primeira Edição em Português

ISBN: 978-1-0699177-0-6 (paperback)

ISBN: 978-1-0696376-9-7 (ebook)

elchifbooks.com

Contenido

Bem-vindos

Querido Leitor,

Bem-vindo a esta jornada de descoberta. Ao iniciar este livro, permita-me apresentar-lhe a serenidade — um estado profundo de calma e paz que toca o coração, a mente e o espírito. A serenidade é mais do que apenas um momento de quietude; é um refúgio pessoal de equilíbrio emocional e clareza mental, livre de stress ou caos.

A serenidade é um conceito multifacetado que abrange um estado de calma profunda, paz e tranquilidade tanto interna quanto externa.

Esta paz dinâmica é ao mesmo tempo um objetivo e uma prática, cultivada através da atenção plena, da aceitação e da presença plena. Num mundo barulhento e acelerado, a serenidade oferece-lhe um espaço gentil para encontrar clareza, construir resiliência e reconectar-se com o que nos torna humanos.

***"Pois é no silêncio gentil,
na linguagem das ondas e das palavras,
que uma nova consciência pode surgir."***

Que esta visão de serenidade o inspire, como novo leitor, a abraçar o seu poder transformador para o crescimento pessoal e uma conexão mais profunda.

Este livro é o seu guia para redescobrir a paz no meio da tempestade digital. Seja sobrecarregado por notificações de IA ou em busca de conexões humanas mais profundas, junte-se a nós na exploração de como paisagens melódicas — misturas de poesia e som — podem restaurar o equilíbrio. Vamos iniciar esta jornada harmoniosa juntos.

elchifbooks.com

Melodias e Versos: Cultivando Serenidade num Mundo de IA

Viagem Através da Música, da Poesia e da Harmonia Digital

El Chif
EST. 4464
BOOKS

Redefinindo a Paz e a Harmonia numa Era de Criatividade Inteligente

Introdução ao Conceito de "Paisagem Melódica"

O "Paisagem Melódica" representa uma inovação revolucionária no campo das composições originais para piano, criada para transcender os limites tradicionais da música instrumental. Este termo funde a ideia de um "paisagem sonora" (um entorno auditivo imersivo) com elementos "melódicos" (estruturas harmónicas e rítmicas fluidas), procurando gerar experiências multissensoriais em que o piano deixa de ser apenas um instrumento e se torna um portal para mundos narrativos integrados. Em essência, um Paisagem Melódica é uma composição pianística que evoca cenários vívidos, como se o ouvinte passeasse por um paisaje real, mas enriquecido por melodias que guiam as emoções e a imaginação.

Esta inovação assenta numa estrutura conceptual única: doze pilares fundamentais, que funcionam como alicerces filosóficos e técnicos da criação, e cinco coleções temáticas (*Esclarecimento, Serenidade, Ternura, Natureza e Odisseia*), que agrupam as composições em conjuntos coerentes. O que torna este enfoque verdadeiramente singular é a integração harmónica da poesia (como elemento narrativo e lírico), da música (centrada no piano como eixo principal) e da multimédia (incluindo visuais, projeções ou elementos digitais). Esta tríade entrelaça-se para gerar uma experiência holística: a poesia fornece o guião emocional escrito e narrado, a música musicaliza-o, e a multimédia visualiza-o, criando uma sinestesia que estimula múltiplos sentidos simultaneamente.

As Cinco Coleções: Agrupamentos Temáticos

As cinco coleções — *Esclarecimento, Serenidade, Ternura, Natureza e Odisseia* — organizam as composições em conjuntos temáticos, cada uma explorando um aspecto distintivo do Paisagem Melódica. Cada coleção inclui várias peças para piano, acompanhadas de poemas originais e elementos multimédia (vídeos, arte digital ou instalações interativas). Esta estrutura facilita apresentações em concertos, álbuns ou experiências imersivas, onde a integração harmónica é evidente: a poesia é recitada ou projetada, a música é interpretada ao vivo, e a multimédia ativa-se em sincronia.

1. ***Esclarecimento*** – Centrada na introspeção e na clareza mental. Melodias contemplativas com progressões harmónicas minimalistas; poesia que explora a busca da verdade interior; multimédia com visuais abstratos que evoluem lentamente, como padrões de luz que simbolizam a iluminação.

2. ***Serenidade*** – Focada na calma e na paz interior. Melodias suaves e fluidas que evocam tranquilidade; poesia que descreve estados de repouso e harmonia; multimédia com vídeos de paisagens serenas (lagos ao amanhecer, névoas matinais) sincronizados com a música.

3. ***Ternura*** – Explora emoções cálidas e afetivas: amor, compaixão, carinho. Melodias delicadas com acordes quentes; poesia íntima e emotiva; multimédia com imagens suaves (retratos familiares, flores em movimento) que reforçam a conexão emocional.

4. ***Natureza*** – Inspirada em paisagens terrestres (bosques, oceanos, montanhas). Composições com melodias ondulantes e orgânicas; poesia descritiva que celebra a biodiversidade; multimédia com vídeos 360° de entornos naturais para uma imersão sensorial completa.

5. ***Odisseia*** – Visões de viagens épicas, tanto físicas quanto espirituais. Melodias com elementos dinâmicos e contrastantes, combinando o acústico com toques eletrônicos sutis; poesia narrativa sobre aventuras e descobertas; multimédia com projeções de realidade virtual ou animações que transportam o ouvinte a mundos imaginários.

Cada coleção pode expandir-se indefinidamente, mas permanece sempre ancorada nos doze pilares para manter a coerência.

Integração Harmónica de Poesia, Música e Multimédia

A verdadeira inovação do Paisagem Melódica reside em como poesia, música e multimédia se integram sem que nenhum domine os outros. A poesia funciona como o esqueleto narrativo, oferecendo textos que são recitados durante a interpretação ou impressos em livretos, guiando o ouvinte pela história emocional. A música para piano é a alma melódica, traduzindo a poesia em notas que evocam os paisagens descritos. A multimédia acrescenta a dimensão visual e táctil: vídeos projetados em concertos, aplicações interativas ou elementos gerados por IA que permitem ao público influenciar a experiência.

Por exemplo, numa peça da coleção Natureza, um poema sobre um bosque é recitado enquanto o piano imita o sussurro do vento nas folhas, e um vídeo de folhagem em movimento é projetado — criando uma harmonia em que cada elemento reforça os demais. Numa obra de Odisseia, um poema épico sobre uma viagem estelar pode ser acompanhado por melodias expansivas e visuais gerados por IA que mostram galáxias em movimento. Esta integração não é aditiva, é sinérgica: a poesia inspira a melodia, a música dá ritmo aos visuais, e a multimédia fecha o ciclo emocional.

Os Doze Pilares

Os Paisagens Melódicos organizam-se também em doze pilares que correspondem a dimensões do bem-estar humano. Estes pilares serão detalhados ao longo deste livro.

Conclusão

O Paisagem Melódica não é apenas um rótulo; é uma filosofia artística que redefine a composição pianística como uma experiência imersiva e multidisciplinar. Apoiada nos doze pilares e nas cinco coleções — Esclarecimento, Serenidade, Ternura, Natureza e Odisseia —, esta inovação convida criadores e ouvintes a explorar novos horizontes, onde a harmonia entre poesia, música e multimédia gera um impacto profundo, duradouro e transformador.

Parte I

Despertando a Necessidade pela Serenidade

«A primeira e maior vitória é conquistar a si mesmo»
– Plato

Preludio a la Parte I

Despertando a Necessidade pela Serenidade

Já alguma vez sentiste que o mundo inteiro vibra como um telemóvel que não para de tocar, enquanto os teus pensamentos correm descontrolados?

Vamos lá: há uma forma de encontrar calma neste caos.

Num mundo que muitas vezes gira fora de controlo, as exigências do dia a dia podem deixar-nos esmagados e desconectados, despertando em nós um desejo silencioso de paz — um santuário dentro de nós mesmos. Este prólogo convida-te a reconhecer o caos que te rodeia e que também vive em ti, e a compreender a necessidade urgente de cultivar a serenidade como resposta aos estressores modernos. Esta viagem alinha-se com um tema de despertar, lembrando-nos que a serenidade é um estado vital que precisamos recuperar ao reconectar-nos com o nosso eu mais profundo.

Através dos capítulos que se seguem, vamos explorar os estressores da vida moderna, compreenderemos o seu impacto no nosso bem-estar e descobriremos como as artes suaves da poesia e do paisagismo sonoro nos podem guiar até à serenidade. Aqui lançamos as bases da tua viagem, começando exatamente onde estás agora e iluminando o caminho que tens pela frente.

Navegando a Tempestade

Encontrando Calma no Caos

Bem-vindo! O dia amanhece com o zumbido incessante de notificações, uma caixa de entrada a transbordar e uma lista de tarefas que parece estender-se até ao infinito. Nesse caos, a paz soa como um sonho longínquo, mas este livro mostra-te exatamente como alcançá-la com poesia e som.

Se o teu coração bate acelerado, os teus pensamentos parecem nublados e uma inquietação silenciosa se infiltra, não estás sozinho. Verdade que soa familiar? Este é o caos interior, uma tempestade que tantos de nós navegamos todos os dias. Neste capítulo, vamos caminhar juntos pelos estressores modernos que alimentam esta turbulência e desvendar o seu impacto na nossa mente, corpo e alma. Vamos descobrir por que razão cultivar a serenidade não é um luxo — é um salva-vidas. Com histórias que vais reconhecer como tuas, reflexões simples e um toque de introspeção, começaremos a encontrar calma no meio da tormenta. Demos esse primeiro passo juntos.

Um Dia na Vida do Estresse

Conhece a Sofia. O dia dela começa às 6 da manhã com o telemóvel já cheio de e-mails. Às 8h, está a lidar com chamadas, prazos apertados e responsabilidades familiares. Almoça à secretária, de forma apressada, e, quando a noite chega, está tão exausta que mal consegue desfrutar dos filhos. Este ciclo implacável deixa-a vazia.

Talvez já tenhas vivido uma versão da história da Sofia — preso num loop onde o estresse não vem só dos grandes acontecimentos, mas das pequenas pressões diárias que se vão acumulando como uma mochila que fica mais pesada a cada passo. A boa notícia? Há uma saída, e começa por compreender exatamente contra o que estamos a lutar.

Estressores Modernos e o Seu Impacto

A vida atual pode parecer andar na corda bamba. Pressões laborais, responsabilidades familiares, preocupações financeiras e o scroll infinito das redes sociais mantêm-nos num zumbido constante de "vai, vai, vai!". Junta os pit pit das notificações e a expectativa de estar sempre "ligado" e não admira que o sobrecarregamento seja a marca do nosso tempo.

Este caos não afeta só a mente: reverbera no corpo e na alma. Dores de cabeça tensionais, noites mal dormidas, uma sensação persistente de desconexão — tudo isto pode soar-te familiar. Com o tempo, o estresse crónico pode levar ao burnout ou mesmo a doenças físicas, como um peso que nos esmaga cada dia mais. Mas há uma centelha de esperança: reconhecer esta carga é o primeiro passo para a aliviar.

Para te guiar nesta viagem, vamos apoiar-nos nos Doze Pilares do Bem-Estar: princípios eternos, cada um associado a um cristal simbólico. Estes pilares, que serão explorados em detalhe na Parte VI — A Minha Viagem de Serenidade Criativa —, são a base para construir uma serenidade duradoura. Através do som e da poesia, vais descobrir como incorporar cada um deles.

Os Sinais da Sobrecarga de Estresse

O estresse não sussurra: grita através do nosso corpo e emoções. Fisicamente, podes sentir ombros tensos, uma fadiga que não passa mesmo dormindo, ou o coração acelerado. Emocionalmente, aparece como irritabilidade — gritar com alguém querido por um café derramado — ou ansiedade que faz girar os pensamentos sem parar. Talvez tarefas que antes eram fáceis agora pareçam montanhas, ou sintas-te distante daquilo que mais amas. Estes são o teu corpo e a tua alma a agitar uma bandeira vermelha: "Ei, precisamos de uma pausa". Identificar estes sinais não serve para culpar — serve para tomar consciência, a primeira semente da mudança.

Definindo a Serenidade: Calma no Meio da Tormenta

Então, qual é o antídoto para este caos? A serenidade.

Imagina um porto tranquilo onde os barcos descansam enquanto as ondas rugem lá fora, ou uma vela que continua a arder firme numa sala cheia de correntes de ar: imagens de calma que resistem no meio do turbilhão. A serenidade não é apenas a ausência de estresse — é uma paz profunda e constante que podes carregar dentro de ti, mesmo quando a vida fica ruidosa. Diferente da simples relaxação (um suspiro fugaz no fim de um dia longo), a serenidade é uma casa que constróis no teu interior. É a força para enfrentar um engarrafamento ou uma conversa difícil com a mente clara e o coração firme. Como é que a serenidade se sente para ti? Talvez seja uma memória antiga à espera de ser reencontrada.

Os Benefícios da Serenidade

Por que vale a pena procurá-la? Porque a serenidade é um presente que não para de dar.

Para a mente, é clareza — como limpar o vapor de um espelho para ver tudo nítido novamente, despertando foco e criatividade. Para o corpo, é bálsamo — reduz o cortisol, alivia a tensão e permite que o sistema se cure. Para o espírito, é conexão: uma gratidão silenciosa que nos eleva. A ciência confirma que praticar calma regularmente pode baixar a ansiedade, reduzir a pressão arterial e melhorar a saúde global. Incrível, não é? A serenidade não é fugir da vida — é dar ao teu corpo o alívio que ele pede depois de um dia longo.

Por Que a Serenidade Importa Agora

Num mundo que glorifica estar ocupado, o estresse parece o preço a pagar pelo sucesso. Mas não tem de ser assim. Segundo um relatório de fevereiro de 2023 do American Institute of Stress, 83 % dos trabalhadores americanos sofrem de estresse laboral, e 25 % consideram o trabalho a principal fonte de estresse das suas vidas, custando à economia americana milhares de milhões de dólares por ano. A nível global, a Organização Mundial de Saúde aponta a ansiedade e a depressão como principais causas de incapacidade. Estes não são apenas números — são um grito de alerta. A serenidade não é opcional neste caos: é essencial. É o chão firme que nos impede de afundar, uma luz que também podemos oferecer aos outros. Não estás sozinho nisto, e a viagem até à calma vale cada passo.

Calma Instantânea: Cinco Rompedores de Estresse

- **Respira Profundo:** Inspira por quatro segundos, segura quatro, expira quatro. Repete e sente o chão debaixo dos pés.
- **Escuta com Atenção:** Sai porta fora e ouve os pássaros ou o sussurro das folhas. Deixa que a natureza te acalme.
- **Sussurra Palavras:** Recita um poema ou uma frase que adores. Deixa que o ritmo te envolva.
- **Imagina Paz:** Fecha os olhos e visualiza uma praia tranquila ou um canto acolhedor. Deixa o estresse dissolver-se.
- **Toca Sons Suaves**: Escolhe piano ou sons ambientais. Deixa que embalem a tua mente.

Estes são apenas aperitivos do que aí vem: poesia e som como caminhos para uma paz mais profunda.

O Teu Estresse, A Tua Viagem: Uma Autoavaliação

O estresse manifesta-se de forma diferente em cada pessoa: para uns é preocupação constante, para outros é frustração ou raiva. Como se manifesta em ti? Pega num caderno e reserva um momento:

- **Com que frequência** te sentes sobrecarregado pelas tarefas diárias?
- **Há sinais físicos**: dores de cabeça, cansaço crónico, tensão muscular?
- **Como está o teu estado de espírito:** ansioso, irritável, distante?
- **A tua criatividade ou concentração sofreram**?

Escreve o que sobressai. Sem julgamento — apenas observação. Este é o teu ponto de partida, um ato corajoso rumo à calma.

Olhando em Frente

Enfrentámos o caos e vislumbrámos a promessa da serenidade: uma calma que nos eleva e sustenta. Onde sentes esse desejo profundo de paz na tua vida agora mesmo? Ao virar a página, vamos descobrir como a poesia e o som — palavras e melodias — se tornam os teus companheiros nesta viagem. Depois de explorar a tormenta interior, ergamos o olhar para o caos exterior que a amplifica no mundo moderno, e compreenderemos por que a serenidade é o antídoto mais urgente de todos.

Continuemos juntos.

Depois de termos explorado as tormentas internas que enfrentamos, voltemos agora o olhar para o caos externo que nos envolve no mundo moderno.

O Caos Moderno: Por Que a Serenidade Importa Agora

Um Mundo a Todo Vapor

Imagina acordar numa manhã típica: o teu relógio inteligente vibra com um alerta de stress, um feed de notícias curadoria algorítmica despeja títulos urgentes no teu telemóvel, e um drone de entrega ronrona lá fora à janela. Esta é a nossa realidade: um coro incansável de sinais que afoga qualquer vestígio de quietude. Quando foi a última vez que te sentiste verdadeiramente em paz – não apenas em silêncio, mas centrado de uma forma que perdura? O caos moderno não é só ruído: é uma onda de distração, expectativa e urgência que nos arranca de nós mesmos. Este livro arranca aqui, no olho do furacão, porque a serenidade não é um luxo – é uma necessidade vital que já não podemos ignorar. A viagem que se segue oferece um caminho através do som e da poesia para recuperar o que nos está a escapar. Mas primeiro, enfrentemos o porquê.

O Ruído de uma Era Impulsionada pela IA

Vivemos num mundo em que a inteligência artificial já não sussurra ao fundo: é a banda sonora alta e incessante das nossas vidas. Os algoritmos de plataformas como o X (antigo Twitter) foram desenhados com precisão cirúrgica para intensificar as nossas emoções, servindo feeds que provocam indignação ou obsessão. Na semana passada, peguei no telemóvel antes do pequeno-almoço e dei por mim preso numa tempestade de opiniões opostas sobre uma notícia – o coração já acelerado antes de servir o café. Para além das redes, assistentes de voz respondem instantaneamente a cada pergunta, enquanto música gerada por IA flui de colunas inteligentes, auriculares e até dos elevadores. Um estudo recente revelou que o tempo de ecrã aumentou 30 % – e não admira: a IA aperfeiçoou a arte de nos manter presos ao seu ritmo implacável.

Compara com o passado, quando a vida se desenrolava ao compasso suave da natureza: o crepitar da lenha na lareira, o subir e descer constante das marés. Hoje estamos cercados pelo bip das notificações, o zumbido da conectividade sem fim e o murmúrio da automatização – um ruído que nunca respira.

O Caos do Ruído Impulsionado pela IA

Este ruído movido a IA – como os algoritmos que atiçam a fúria – faz mais do que encher-nos os ouvidos: perturba a nossa serenidade a cada passo. Imagina: tentas relaxar depois de um dia longo, mas o telemóvel acende-se com uma notificação e arrasta-te para um debate que não pediste. Ou fazes uma pergunta simples ao teu assistente de voz e recebes uma avalanche de sugestões. Até a música nos teus auriculares, escolhida por um algoritmo esperto – mantém-te no limite, demasiado intensa. É um bombardeamento constante de estímulos, sem deixar espaço para o silêncio ou a reflexão. As nossas mentes, que outrora podiam divagar em momentos de tranquilidade, agora estão enredadas numa teia de provocações personalizadas e sobrecarga informativa. A serenidade parece uma memória longínqua, afugentada por um estrondo digital que está sempre um passo à frente.

A Espada de Dois Gumes da IA

Não me interpretes mal: a IA não é a vilã da história. É uma ferramenta, capaz de brilhar quando usada com sabedoria. Pode criar-te, em segundos, uma paisagem sonora relaxante de folhas sussurrantes e ondas distantes – e essa é parte da sua magia. Mas, na configuração padrão, a IA inclina-se fortemente para a sobreestimulação. Foi feita para nos manter agarrados, não para nos deixar descansar. A comodidade de uma playlist personalizada ou de uma resposta instantânea tem um preço: um ritmo tão implacável que sufoca os espaços onde a calma poderia criar raízes. Os nossos antepassados não precisavam de um algoritmo para encontrar paz: tinham o pulso natural do mundo, o sussurro do vento nas árvores, o bater lento de um rio. Nós temos de lutar para recuperar essa quietude, com os sentidos saturados por um zumbido que nunca desliga.

Recuperando a Serenidade com Práticas Centradas no Humano

É aqui que entram as práticas centradas no humano – não como rejeição da tecnologia, mas como forma de equilibrar o seu ruído com algo mais suave, mais verdadeiro. Pensa em sair de casa e ouvir as ondas a rebentar na praia. Imagina a tensão a derreter dos ombros enquanto o ritmo constante te envolve, sem pressa nem truques. Ou imagina-te enroscado com um poema, deixando que as palavras se desenrolem devagar, ancorando-te ao presente com o seu poder silencioso. Estes não são escapes do mundo moderno: são bóias salva-vidas, reconectando-nos connosco mesmos enquanto a IA continua a zumbir ao fundo. Experimenta cinco minutos por dia: vais lembrar-te de como é respirar fundo, deixar que os pensamentos pousem em vez de correrem atrás da próxima notificação.

Encontrando o Equilíbrio

Num tempo em que o ruído movido a IA – como os algoritmos que alimentam a indignação – ameaça engolir a nossa serenidade, estes pequenos atos de calma tornam-se essenciais. Não te pedem que abandones os dispositivos nem que vivas fora do sistema. Pedem-te apenas que esculpas momentos de quietude no meio da tormenta. Troca o ecrã pelo som do oceano durante um minuto e sente a diferença. Deixa que algumas palavras bem escolhidas de um poema se instalem, cortando o caos com a sua clareza. Estas práticas servem para reclamar os espaços silenciosos onde conseguimos ouvir-nos pensar, onde a paz não se perdeu: está ali, debaixo do ruído, à espera que voltemos a sintonizar. Por isso, quando o estrondo digital parecer demasiado, afasta-te. Deixa que as melodias, os sons ou um verso de poesia te tragam de volta ao centro. Vais descobrir que a serenidade não se foi embora: está lá, pronta para ser reencontrada.

A Mente Fragmentada: A Atenção em Crise

Este ruído não nos envolve apenas: fragmenta-nos. A neurociência diz que a nossa capacidade de atenção média caiu para seis segundos - menos que os oito de há uma década. O cortisol dispara enquanto fazemos malabarismo com uma chamada de trabalho, um chat e um e-mail escrito por IA, tudo ao mesmo tempo. Tentei meditar uma vez e, a meio de uma respiração, a coluna inteligente interrompeu com a previsão do tempo; a minha calma partiu-se mais rápido que um pestanejar. Os nossos cérebros, feitos para foco profundo - pensa num caçador a seguir uma presa ou num poeta a tecer um verso -, agora perdem-se numa névoa de multitarefa.

O custo é alto: burnout, ansiedade, uma sensação vaga de deriva. Estamos dispersos, não só pelo som, mas pelo volume de estímulos que competem pela nossa mente. A serenidade oferece a força contrária: uma forma de reunir os fragmentos em totalidade. Mais adiante vamos mergulhar na ciência de como o som reconecta o sistema nervoso para a paz. Por agora, fica com isto: o caos parte-nos, mas podemos escolher curar-nos. Começa por ver a crise como ela é.

A Perda dos Espaços Silenciosos

Sai à rua e o silêncio parece um mito. As cidades pulsam com buzinas, sirenes e o zumbido de drones; mesmo trilhos rurais trazem o eco distante de painéis solares ou autoestradas. Senti-o no mês passado, ao caminhar num bosque para fugir do clamor. Ansiava silêncio, mas os meus auriculares - com uma playlist gerada por IA - ligaram um podcast sem eu pedir. Tirei-os de repente e só então o sussurro do vento e o canto de um pássaro me chegaram. Esse momento atingiu-me fundo: o silêncio não está apenas a desaparecer do mundo, está a desaparecer dentro de nós. O filho de um amigo perguntou-me há pouco: "Como é o silêncio?" A pergunta gelou-me o sangue.

Desaprendemos a fazer pausa. As casas vibram com a tagarelice da IA, as ruas com o tráfego, até os nossos pensamentos com loops de preocupações ou tarefas. Esta perda não é pequena: é onde a serenidade cria raízes. Sem esses vazios, o som perde profundidade e as palavras perdem peso. Mais adiante vamos recuperar o poder do silêncio, entrelaçando-o com poesia e melodias. Por agora, basta reconhecer o que está em jogo: um mundo sem silêncio é um mundo sem paz.

Por Que Agora? A Urgência da Serenidade

Por que importa isto agora? Olha à volta: as apps de saúde mental registam aumentos de 40 % nos relatos de ansiedade – uma epidemia silenciosa de nervos em frangalhos. Os debates no X queimam com mais intensidade, bots de IA a atiçar a divisão com precisão assustadora – abre qualquer thread e sentes o calor. Os títulos sussurram medos sobre a autonomia da IA, um futuro em que as máquinas nos ultrapassam. Uma colega confessou-me que não dorme com ruído branco gerado por IA há anos; o zumbido tornou-se a sua canção de embalar, não por escolha própria. Isto não é distopia: é hoje, e é urgente.

A serenidade aqui não é passiva: é rebelião. É um ato profundamente humano de reclamar agência num mundo conduzido por máquinas, uma postura que diz: "Escolho a calma no meio da tormenta". A promessa deste livro – nutrir a paz num mundo de IA – começa exatamente nessa intenção. As ferramentas que virão – a ressonância do som, o bálsamo da poesia, a clareza da atenção plena – não são fugas, são salva-vidas. Não podemos esperar por uma era mais silenciosa; a serenidade é o nosso agora, uma escolha radical de ficar quieto quando tudo corre.

Virando para a Calma

Este caos – ruído, fragmentação, silêncio perdido – não é a nossa derrota: é o nosso despertar. Estamos acordados para a tormenta, e é aí que a viagem começa. As páginas seguintes, a começar pela sinfonia da serenidade, oferecem o como: formas de tecer som e palavras num escudo, num refúgio, numa vida. No meio do estrondo, uma onda quebra suavemente, uma palavra permanece verdadeira – aqui, a serenidade sussurra a sua promessa. Vira a página, não para fugir, mas para encontrar o que espera: uma paz que resiste, independentemente da maré.

Agora que enfrentámos o caos moderno e o seu impacto, vamos explorar como a arte e o som se tornam portais poderosos para a paz interior.

Arte e Som

Portais para a Paz Interior

Ao longo da história, a arte e o som foram venerados não só pela sua beleza, mas pelo seu poder de curar e transformar. Desde os cantos rítmicos dos rituais antigos até aos versos calmantes da poesia, estas expressões criativas como estas têm sido caminhos para o bem-estar ao longo dos séculos. Neste capítulo, vamos explorar como a poesia e o paisagismo sonoro — a arte de criar paisagens de som — podem ser ferramentas únicas e poderosas para cultivar serenidade. Mergulharemos na ciência por detrás do seu impacto no cérebro e nas emoções, e descobriremos como estas práticas atravessaram culturas para promover cura e paz. À medida que avançamos neste capítulo, começarás a ver como estas ferramentas eternas podem entrelaçar-se na tua vida, oferecendo uma forma suave, mas profunda, de nutrir o teu bem-estar.

Um Legado de Cura: Como a Poesia e o Som Acalmaram Almas Através dos Tempos

Viajemos no tempo para vermos como a poesia e o som sempre foram tesouros de cura. Imagina a Grécia antiga, onde a poesia não era apenas arte: era remédio para a alma, com o seu poder a ressoar nas histórias dos deuses como Apolo. As recitações épicas de Homero acalmavam os ouvintes com o seu fluxo rítmico. Do outro lado do mundo, culturas indígenas confiaram no som de forma semelhante. Em África, o pulsar constante dos tambores em rituais não só une comunidades: acredita-se que cura almas. O haiku japonês oferece uma pausa serena, com as suas linhas breves a convidar à atenção plena ao capturar a tranquilidade da natureza. Na Europa medieval, monges enchiam salões de pedra com cantos gregorianos, cujas harmonias elevavam os corações até à paz. Estas práticas mostram-nos que poesia e som sempre foram mais do que beleza: são pontes para a serenidade, independentemente da era ou do lugar.

A Ciência da Calma: Como Palavras e Sons Nos Reconectam

Depois de explorarmos as raízes históricas, vamos perceber por que razão estas ferramentas funcionam tão bem. A ciência oferece-nos pistas fascinantes. Quando ouves uma paisagem sonora relaxante — sons da natureza ou canto de pássaros —, as tuas ondas cerebrais podem mudar, aumentando as ondas alfa e theta que trazem relaxamento profundo. É como um ritmo lento e sonhador dentro do teu cérebro, que te ajuda a descansar ou a criar.

Um estudo de 2015 publicado no Journal of Neuroscience descobriu que sons de tempo lento baixam o ritmo cardíaco e os níveis de stress, dando ao corpo um verdadeiro respiro do corre-corre diário. A poesia faz algo semelhante. Investigação do Dr. James Pennebaker mostra que escrever ou ler palavras expressivas — como um poema sentido — ajuda a desembaraçar emoções, aliviando a ansiedade ao dar sentido àquilo que carregamos dentro de nós. O ritmo de um poema, tal como uma canção de embalar, pode até sincronizar-se com a tua respiração, guiando a mente até à calma. Não admira que estas práticas nos façam sentir tão bem: estão a afinar o cérebro para a paz.

Por Que a Poesia e o Paisagismo Sonoro Se Destacam

Então, o que torna a poesia e o paisagismo sonoro especiais em comparação, por exemplo, com uma aula de ioga ou meditação silenciosa? É a sua capacidade de envolver completamente a mente e os sentidos em algo imersivo e, ao mesmo tempo, simples. Ler um poema em voz alta ativa a tua voz, os teus ouvidos e o teu coração ao mesmo tempo, misturando pensamento e sentimento num instante de presença total. O paisagismo sonoro, com as suas camadas de sons desenhadas, pode transportar-te para um bosque ou para a beira-mar sem saíres da cadeira. Diferente do exercício físico, que se centra no corpo, ou da arte visual, que depende dos olhos, estas ferramentas mergulham diretamente nas emoções através do som e das palavras. E o melhor de tudo: são fáceis de experimentar

— sem equipamento caro, horas livres ou talentos prévios. Algumas linhas de poesia ou um curto paisagem sonora cabem no dia mais atarefado, tornando a serenidade algo acessível e próximo.

Um Momento de Mudança: A História de Nathália

Precisas de uma pausa? Conhece a Nathália, bibliotecária de 42 anos na Cidade do México. Entre o trânsito, as tarefas pendentes e o telemóvel que não parava de tocar, sentia-se afogada. Um dia, lembrou-se dos versos de Julia de Burgos que amava na juventude. Procurou um, leu-o em voz alta. Sentiu uma calma despertar.

Desde então, todas as manhãs, enquanto prepara o café, lê um poema curto: às vezes de Octavio Paz, às vezes de Idea Vilariño. Aos poucos, trocou o ruído das notícias por sussurros poéticos. No metro, começou a ouvir música instrumental — bandoneones, guitarras suaves — em segundo plano. Duas semanas depois, os pensamentos pareciam menos caóticos; até começou a escrever as suas próprias linhas.

Não foi milagre, foi prática: poesia e som, usados como bálsamo diário. A história de Nathália mostra como minutos diários podem abrir uma janela de ar, e como o pequeno — um verso, uma nota — pode semear uma calma duradoura.

Trazendo para Casa: Formas Simples de Começar

Pronto para experimentar? Aqui tens formas fáceis de entrelaçar poesia e paisagismo sonoro na tua vida:

- **Começa com Palavras** - Escolhe um poema curto que te eleve. Lê-o em voz alta — talvez com o café da manhã —, deixando que o seu ritmo se instale no teu dia.
- **Pausa com Som** - Procura ou cria uma lista de 5 a 10 minutos de sons calmantes — chuva, ondas suaves. Escuta num intervalo, olhos fechados, e deixa-te levar.
- **Escreve Livre** - Uma vez por semana, rabisca algumas linhas da tua própria poesia. Começa com "Neste momento, sinto..." e segue o fluxo, sem regras, só tu.
- **Relaxa à Noite** - Toca um paisagem sonora suave enquanto te preparas para dormir. Deixa que te embale como uma ternura de ninar.

Experimenta um — ou todos — durante alguns dias. Observa como te sentes. Vais surpreender-te com a forma como estes pequenos atos trazem um sussurro de serenidade ao teu mundo.

Reflexões: O Teu Primeiro Passo Rumo à Serenidade

Como vimos, a poesia e o paisagismo sonoro são presentes do passado e do presente: ferramentas que curam através da história, da ciência e da magia do dia a dia. Encontram-te onde estás, oferecendo uma forma de silenciar o caos e encontrar uma calma firme. Seja o eco de um canto antigo, o fluir de um verso ou as manhãs serenas de Nathália, estas práticas mostram-nos que a serenidade não está longe: espera nas palavras e nos sons que nos rodeiam.

Com a compreensão de como a arte e o som nutrem o bem-estar, estamos prontos para mergulhar numa das formas de expressão mais transformadoras: a poesia. No próximo capítulo, exploraremos como a poesia atua como alquimia emocional, transformando os nossos sentimentos mais profundos em fontes de força e paz.

Os Doze Pilares do Bem-Estar

Fundamentos Essenciais para Viver com Plenitude

Os Doze Pilares do Bem-Estar

Os *Doze Pilares do Bem-Estar* formam uma estrutura completa para alcançar uma saúde e um bem-estar holístico, abrangendo a natureza multifacetada da vida humana. Estes pilares incluem dimensões físicas, mentais, emocionais, sociais e espirituais, cobrindo áreas essenciais como a nutrição, a atividade física, o sono, a gestão do stress, a regulação emocional, a estimulação mental, a conexão espiritual, as relações sociais, a consciência ambiental, a satisfação laboral, a estabilidade financeira e o crescimento pessoal.

Cada pilar desempenha um papel vital na promoção do bem-estar global e, juntos, criam um efeito sinérgico em que nutrir uma área impulsiona todas as outras. Ao compreender e integrar estes doze pilares no dia a dia, as pessoas podem cultivar uma base equilibrada e resiliente para uma existência vibrante e plena.

Para te guiar rumo à paz interior, incluí um diagrama dos Doze Pilares do Bem-Estar: um mapa visual dos princípios centrais que sustentarão o teu caminho até à serenidade. Imagina um círculo de hexágonos dividido em doze partes, cada uma representando um pilar.

Ao longo deste livro, vamos explorar como a arte e o som — através da poesia e do paisagismo sonoro — dão vida a estes pilares. Reserva um momento para observar o diagrama e repara qual pilar te chama mais a atenção (talvez aquele que uma melodia que adoras ou um verso que te toca já tenha despertado).

Vamos entrelaçar estes pilares em cada capítulo, com uma imersão mais profunda à tua espera na *Parte VI: A Minha Viagem de Serenidade Criativa*. Por agora, deixa que este diagrama seja um companheiro suave, iluminando cada passo em direção à paz que procuras.

Estes doze pilares do bem-estar são o alicerce sobre o qual podemos construir uma vida de equilíbrio, harmonia e paz interior, guiando-nos para um futuro em que a serenidade não seja apenas um instante fugaz, mas uma forma de ser. Esta visão inspira-nos a ver estes pilares como mais do que princípios: são degraus de uma viagem transformadora. Imagina uma vida em que o bem-estar não é um sonho distante, mas uma realidade vibrante que vives todos os dias. Ao abraçar estes pilares, não estás apenas a procurar uma calma passageira; estás a forjar um santuário duradouro de paz e propósito.

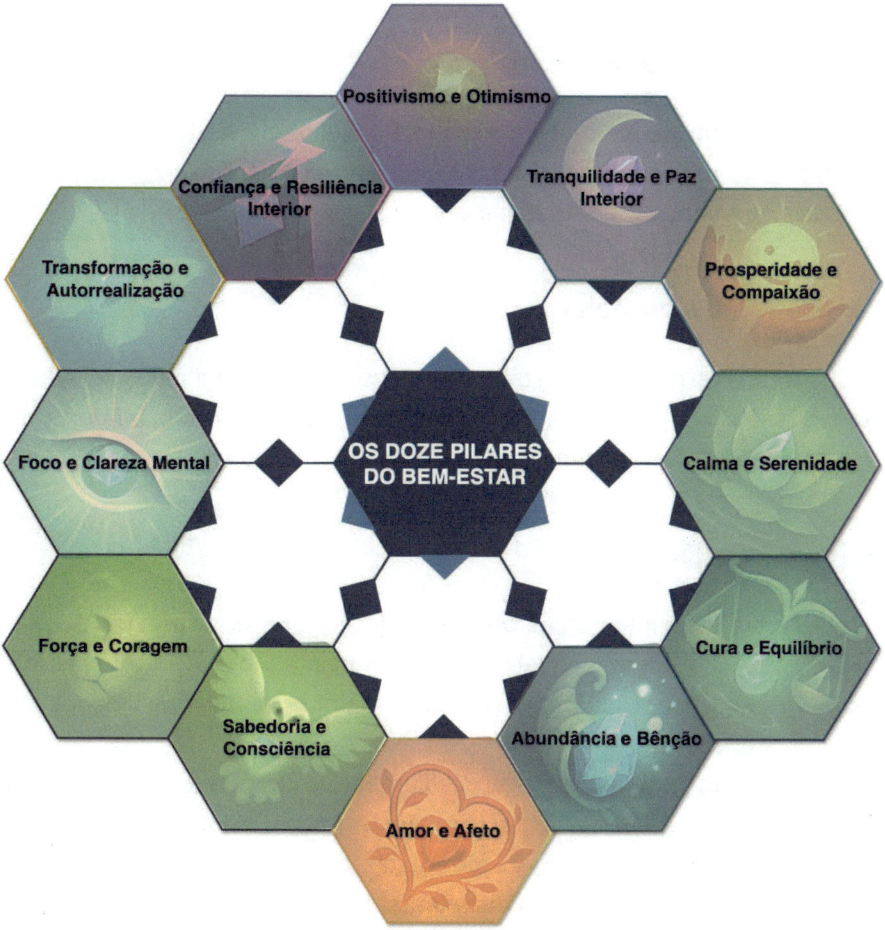

Os ícones, na imagética, têm uma capacidade espantosa de influenciar a transformação pessoal, funcionando como símbolos potentes que se conectam com as nossas emoções, mente subconsciente e aspirações. É assim que impactam:

Desencadeadores Emocionais

Os ícones chegam diretamente ao subconsciente, saltando o pensamento racional para despertar sentimentos profundos. Estas respostas emocionais podem alterar a tua mentalidade, tornando os ícones catalisadores reais de mudança.

Âncoras para Metas e Valores

Os ícones podem ser lembretes constantes daquilo que verdadeiramente importante para ti. Cada olhar para essa imagem reforça a tua razão de mudar, fortalecendo a vontade e a disciplina.

Conexão com Algo Maior

Muitos ícones carregam um significado coletivo, ligando-te a uma experiência humana mais ampla. Esta conexão oferece propósito e direção, alimentam a transformação ao fazer-te sentir parte de algo maior do que tu.

Reforço Psicológico

O teu cérebro responde a sinais visuais. Os ícones que associas a força, confiança ou paz reforçam essas qualidades na tua mente. No crescimento pessoal, rodear-te de imagens significativas constrói caminhos neuronais alinhados com a mudança que desejas.

Os ícones são poderosos porque destilam ideias complexas em formas simples e evocadoras. Desencadeiam emoções, reforçam metas e conectam-nos com significados mais profundos, tudo enquanto trabalham silenciosamente no fundo das nossas mentes. Para a transformação pessoal, são como ferramentas que cabem no bolso: subtis, mas capazes de provocar uma mudança profunda quando ressoam verdadeiramente contigo. Escolhe os teus ícones com cuidado: podem moldar quem te tornas.

Os Pilares do Bem-Estar e os Seus Ícones

A seguir, uma breve explicação de cada pilar com o seu ícone, detalhando como contribuem para o bem-estar — especialmente em tempos de caos e num mundo impulsionado pela IA — e por que são essenciais para alcançar a serenidade.

Foco e Clareza Mental

Concentrar-se no que realmente importa e manter os pensamentos organizados para decidir com eficácia. Diante do caos, este pilar filtra as distrações e reduz o sobrecarregamento. Num mundo dominado pela IA, onde a sobrecarga informativa é constante, ajuda-te a processar dados sem te perderes no ruído. Uma mente clara e focada diminui a ansiedade e o stress, criando uma base serena e estável para a paz interior. A poesia afina o foco ao ancorar-te ao presente, e o paisagismo sonoro acalma o ruído mental, permitindo que a tua atenção repouse exatamente onde precisa.

Calma e Serenidade

A calma é não se deixar agitar; a serenidade é uma paz profunda e duradoura. Diante do caos, a calma permite pensar com clareza no meio da tormenta. Num mundo de IA, oferece um respiro à estimulação veloz e incessante.

Como pilar e como meta final, constrói e sustenta diretamente a paz interior.

Cura e Equilíbrio

A cura recupera do stress ou do trauma; o equilíbrio mantém a harmonia em todas as áreas da vida. Diante do caos, a cura restaura e o equilíbrio evita o esgotamento total. Num mundo de IA, contrariam a tensão constante de estar sempre ligado e hiperestimulado. Sentir-te completo e estável promove uma mente serena, ancorada e em paz profunda.

Confiança e Resiliência Interior

La confianza es creer en ti; la resiliencia, reponerte de caídas. En el caos, empoderan acción y perseverancia. En un mundo de IA, apoyan aprender en el cambio. Confiar en ti fomenta una paz constante.

Força e Coragem

A força é resiliência física e emocional; a coragem é a vontade de enfrentar os desafios. Diante do caos, sustentam-te perante incertezas e adversidades. Num mundo de IA, a coragem ajuda-te a adaptar-te a mudanças tecnológicas rápidas, evitando o sentimento de insuficiência ou obsolescência.

Saber que és capaz de lidar com as dificuldades gera uma segurança profunda e uma paz inabalável.

Sabedoria e Consciência

A sabedoria é conquistada com a experiência e guia decisões melhores; a consciência implica atenção plena a si mesmo e ao seu entorno. Em meio ao caos, a sabedoria oferece perspectiva para navegar com calma. Num mundo de IA, a consciência do impacto tecnológico garante escolhas éticas. Confiar no teu julgamento e estar presente reduz a turbulência interior, elevando a paz.

Tranquilidade e Paz Interior

A tranquilidade é quietude; a paz interior, harmonia interna. No caos, a tranquilidade é um refúgio mental. Num mundo de IA, ela contrarresta o ruído digital. A paz interior é a essência da serenidade, um núcleo firme nas tormentas externas.

Amor e Afeto

Representam laços emocionais e apoio nas relações. No caos, oferecem consolo e sentimento de pertença. Num mundo de IA, onde o digital pode ser frio, mantêm a conexão humana. Sentir-se amado contraria o isolamento, nutrindo tranquilidade emocional.

Abundância e Bênçãos

Este pilar reflete gratidão, focando-se no positivo. No caos, transforma a escassez em suficiência, aliviando o desespero. Num mundo de IA, trava a corrida por "mais", ancorando-te ao agora. A gratidão promove um estado pacífico e satisfeito.

Prosperidade e Compaixão

A prosperidade garante segurança material e emocional; a compaixão promove empatia. No caos, criam comunidade e estabilidade.

Num mundo de IA, a compaixão reduz as brechas tecnológicas, melhorando a harmonia social. Segurança e conexão geram uma vida serena.

Positivismo e Otimismo

O positivismo concentra-se nas soluções e na positividade, enquanto o otimismo mantém a esperança no futuro.

Em tempos caóticos, ambos previnem o desespero e inspiram a ação. Num mundo com inteligência artificial, o otimismo impulsiona a adaptabilidade e a inovação. Uma atitude esperançosa e positiva reduz o medo, abrindo caminho para a calma.

Transformação e Autorrealização

A transformação é crescer; a autorrealização, conhecer-te de forma autêntica. No caos, permitem-te adaptar a novas realidades. Num mundo de IA, ancoram a tua identidade perante as mudanças tecnológicas. Alinhar atos com propósito traz paz profunda e duradoura.

Fim da Parte I

Parte II

A Sinfonia da Serenidade

"A música não está nas notas, mas no silêncio entre elas. A melodia é a essência da música."

– Wolfgang Amadeus Mozart

Prelidio a la Parte II

A Sinfonia da Serenidade

No turbilhão da vida quotidiana, estamos rodeados por uma cacofonia de sons: alguns dissonantes, outros reconfortantes. Mas e se pudéssemos selecionar os sons ao nosso redor para criar uma sinfonia de serenidade? A paisagismo sonoro, a prática consciente de moldar o nosso ambiente auditivo, convida-nos a ouvir com intenção o mundo sonoro que nos rodeia. Ao longo dos capítulos que se seguem, aprenderás a conectar-te com os sons do dia a dia, a identificar aqueles que te trazem calma e a criar ambientes sonoros personalizados que promovam o relaxamento e o equilíbrio emocional. Seja o sussurro das folhas ou o suave murmúrio da música de fundo, descobrirás como o som pode ser um poderoso aliado na tua busca pela paz interior. Num mundo saturado pelo ruído digital da IA, o paisagismo sonoro ajuda-te a recuperar a calma.

Aprendendo a Escutar com Atenção Plena

Cultivando a Escuta Consciente para o Bem-Estar

Fecha os olhos por um momento e escuta: o que ouves? O zumbido do frigorífico, o canto distante dos pássaros, talvez o murmúrio de vozes próximas. Neste capítulo, vamos cultivar a arte de escutar, aprendendo a reparar nos sons do dia a dia que muitas vezes passam despercebidos. Ao tomarmos consciência do nosso paisagem sonora, podemos identificar quais sons nos acalmam e quais nos provocam stress. Vais até criar um "mapa sonoro" do teu entorno, um exercício simples mas poderoso que te ajudará a compreender como o som influencia o teu estado de espírito. Ao embarcarmos nesta viagem de consciência auditiva, começarás a ver como o mundo à tua volta pode ser uma fonte de serenidade. Num mundo onde o ruído digital da IA pode nos sobrecarregar, esta abordagem ajudar-te-á a redescobrir a calma.

A Arte de Escutar: Reparando nos Sons Cotidianos

Bem-vindo ao primeiro passo do paisagismo sonoro: simplesmente escutar. Nas nossas vidas agitadas, é fácil deixar que os sons ao nosso redor se misturem no fundo, sem serem notados. Mas esses sons fazem parte da sinfonia dos nossos dias, moldando o modo como nos sentimos, quer tenhamos consciência disso ou não. A arte de escutar convida-nos a fazer uma pausa e a sintonizar o mundo com ouvidos renovados e coração aberto. É uma forma suave de te trazer ao momento presente, uma prática que, tal como a poesia que nos ancora com as suas palavras, pode levar-te à atenção plena e à paz interior perante o ruído digital da IA.

Vamos experimentar juntos. Encontra um lugar acolhedor onde possas sentar-te alguns minutos sem interrupções. Fecha os olhos, inspira lenta e profundamente e escuta. Que sons deslizam até à tua consciência? Talvez seja o zumbido suave de uma ventoinha, o canto dos pássaros lá fora ou o leve ritmo de passos no corredor. Não te preocupes em classificá-los como bons ou maus, apenas observa-os. Deixa que te envolvam, como ondas a lamber a praia. Poderás surpreender-te com o quanto consegues ouvir quando realmente começas a escutar.

Identificando Gatilhos Pessoais de Calma ou Stress

Depois de reparares nos sons do exercício anterior, mapeia-os visualmente. Cada som traz uma pequena faísca de emoção, e o que acende calma numa pessoa pode inflamar stress noutra. O sussurro das folhas pode parecer-te um carinho tranquilizador, enquanto para outra pessoa pode ser inquietante. O murmúrio distante do trânsito pode ser um reconforto constante ou uma intrusão incómoda. Esta é a tua viagem, e as tuas reações são o que a tornam única.

Pensa nos sons que notaste no nosso pequeno exercício. Como te fizeram sentir? O canto dos pássaros elevou-te o ânimo ou distraiu-te? O zumbido de um eletrodoméstico acalmou-te ou irritou-te os nervos? Não há pressa, toma o teu tempo para refletir. Ao conheceres estes gatilhos pessoais, estás a desbloquear uma chave para a tua própria serenidade, descobrindo que notas da tua sinfonia diária trazem harmonia e quais pedem um tom mais suave. Diante do bombardeamento de notificações digitais, identificar sons calmantes ajuda-te a recuperar o equilíbrio.

Compreendendo os Mapas Sonoros

Com os ouvidos despertos e os sentimentos sintonizados, vamos transformar a tua escuta em algo que possas ver e segurar: um “mapa sonoro”. Imagina-o como um guia amigável do mundo auditivo à tua volta, uma forma de captar os sons e o modo como tocam o teu espírito. É como esboçar um mapa de um lugar familiar, mas em vez de ruas e monumentos, estás a traçar os sons, os cantos e os sussurros que preenchem o teu espaço. Tal como um poema, o teu mapa sonoro tece ritmos e emoções num retrato único do teu entorno.

Podes começar assim: acomoda-te num lugar confortável, fecha os olhos e escuta durante um ou dois minutos. À medida que cada som chega até ti, anota-o numa lista ou desenha um diagrama com o teu eu no centro, colocando os sons como estrelas à tua volta. Indica de onde vêm: perto, longe ou ambiente, e como te fazem sentir. Por exemplo:

- **Perto**: O sussurro das folhas na brisa (calmante)
- **Perto**: Crianças a rir enquanto brincam perto (alegre)
- **Média distância:** O murmúrio do trânsito na estrada (neutro)
- **Longe**: Um pássaro a cantar numa árvore distante (pacífico)
- **Ambiente**: O leve zumbido das abelhas nas flores (tranquilizador)

Vês como isto pinta um quadro? O parque oferece uma mistura de sons suaves e estimulantes com um murmúrio de fundo constante. O teu mapa pode ser completamente diferente, e é essa a sua beleza: é só teu.

Exercício: Constrói o Teu Mapa Sonoro

Estás pronto para fazer o teu? Mergulha num exercício simples e prático. Pega num caderno ou numa folha de papel, coloca um temporizador de 5 minutos e encontra um lugar onde possas relaxar.

Fecha os olhos e deixa que os sons venham até ti. À medida que ouvires cada um, anota-o juntamente com o sentimento que desperta. Aqui tens uma pequena tabela para começar; podes preenchê-la enquanto avançares:

Som: Sentimento

(ex.: canto de pássaros): Elevador, calma, alegria, ligação com a natureza, sensação de renovação matinal

(ex.: chuva): Paz, introspeção, nostalgia, conforto

(ex.: ondas do mar): Tranquilidade, amplitude, relaxamento, atemporalidade

(ex.: fogo crepitante): Calor, acolhimento, intimidade, conforto primal

(ex.: rio a correr): Clareza, paz, sensação de movimento e limpeza

Quando o temporizador tocar, olha para o que reuniste. Que sons te envolvem em calma? Quais te empurram para o stress? Este é o teu primeiro passo para moldar um paisagem sonora que te faça bem, um pequeno presente de consciência que podes levar contigo.

Agora que aprendemos a escutar com atenção plena os sons ao nosso redor, está na hora de tomar controlo do nosso ambiente auditivo. No próximo capítulo, vamos explorar como selecionar um santuário sonoro pessoal, escolhendo e criando paisagens sonoras que promovam a serenidade em vários aspetos das nossas vidas.

Aproveitando o Som para o Corpo e a Mente

A Vibração Transformadora do Som

Tal como arrumamos um quarto para que se sinta mais pacífico, podemos moldar os sons das nossas vidas para criar um santuário para os nossos ouvidos e para as nossas almas. Neste capítulo, vamos explorar como selecionar o teu próprio santuário sonoro, escolhendo e criando paisagens sonoras que te tragam calma e concentração. Desde o ritmo suave das ondas do mar até aos tons subtis dos ritmos binaurais, vais aprender sobre diferentes tipos de sons e os seus efeitos no teu bem-estar. Também vamos apresentar-te ferramentas e recursos acessíveis para que o paisagismo sonoro seja amigável para iniciantes, garantindo que possas começar a criar o teu refúgio auditivo imediatamente. Juntamente com a poesia, que te ancora com as suas palavras, o paisagismo sonoro transformará o teu entorno num espaço que nutre a serenidade. Num mundo saturado pelo ruído digital da IA, o teu santuário sonoro será um refúgio para a paz.

Encontrando os Sons que Te Acalmam

Comecemos ligando-te aos sons que fazem o teu coração sentir-se à vontade. Pensa num momento em que te sentiste completamente relaxado ou em paz: talvez tenha sido um passeio matinal tranquilo com a brisa entre as árvores, uma tarde à beira-mar com as ondas a lamber a praia, ou uma noite acolhedora com o suave murmúrio de uma música favorita ao fundo. Que sons te rodeavam nesses momentos? Pega num caderno ou simplesmente faz uma pausa e anota-os mentalmente. Estes são os fios do teu santuário sonoro pessoal.

O belo deste processo é que é totalmente teu: não existe uma solução universal. Talvez adores o ritmo cadenciado da chuva num telhado, ou talvez o silvo distante de um comboio te traga uma estranha sensação de tranquilidade. Sons como as ondas do mar, o crepitar de uma lareira ou a música ambiental são excelentes pontos de partida, mas não tenhas medo de explorar além do habitual. O murmúrio de uma cafetaria ou o sussurro das folhas podem falar-te de formas inesperadas. Este passo é tudo sobre descobrir o que te acalma, preparando o palco para tudo o que se segue.

Compreendendo os Ritmos Binaurais, o Ruído Branco e os Seus Efeitos

Agora que começaste a descobrir os sons que te acalmam, vamos explorar por que razão certos sons fazem a sua magia. Dois exemplos fascinantes são os ritmos binaurais e o ruído branco: ambos têm um dom para moldar o modo como nos sentimos e são mais fáceis de compreender do que possas pensar.

Os ritmos binaurais acontecem quando reproduzes duas frequências ligeiramente diferentes, medidas em Hz ou hertz, em cada ouvido (usando auscultadores para melhores resultados). Por exemplo, 300 Hz no ouvido esquerdo e 310 Hz no direito criam um tom pulsante de 10 Hz no teu cérebro. Isso pode empurrar as tuas ondas cerebrais para padrões associados ao relaxamento, à concentração ou ao sono.

O ruído branco, por outro lado, é como um cobertor sonoro acolhedor. É uma mistura constante de todas as frequências ao mesmo tempo: pensa na estática de uma televisão antiga ou no som constante de uma ventoinha. Funciona mascarando outros ruídos, tornando-se um salva-vidas se estás a tentar concentrar-te num espaço movimentado ou a dormir com um mundo ruidoso lá fora.

Conhecer isto pode ajudar-te a escolher sons com intenção. Queres relaxar? Experimenta ritmos binaurais em baixa frequência, como delta (0,5-4 Hz), para facilitar o relaxamento. Precisas de bloquear distrações? O ruído branco pode ser o teu novo melhor amigo. Num ambiente saturado por notificações da IA, estes sons ajudam-te a recuperar a calma. É como ter uma caixa de ferramentas sonora, pronta para apoiar o que quer que estejas a sentir.

Criando Paisagens Sonoras Personalizadas para Diferentes Momentos

Com os teus sons favoritos em mente e um pouco de conhecimento sobre por que funcionam, está na hora de brincar ao compositor e criar paisagens sonoras adaptadas aos ritmos da tua vida. Quer estejas a meditar, a trabalhar ou a relaxar para a noite, a combinação certa de sons pode fazer toda a diferença.

Para meditação, imagina um fundo suave que te mantenha ancorado: talvez o gotejar de um riacho juntamente com sinos de vento suaves, ou a ressonância profunda de uma taça tibetana. Estes sons fluidos e calmantes podem ajudar-te a mergulhar na atenção plena sem distrair a tua concentração.

Se estás a enfrentar trabalho ou estudo, podes querer algo constante que se desvaneça no fundo. Música ambiental com tempo lento, uma camada leve de ruído branco ou mesmo o subtil murmúrio de uma gravação de cafetaria podem manter a tua mente afiada sem a sobrecarregar. Descobri que uma playlist de jazz suave pode transformar uma tarde dispersa numa produtiva — talvez também funcione para você!

Para dormir, inclina-te para sons que pareçam uma canção de embalar para a tua alma. O constante quebrar das ondas do mar, uma chuva suave ou mesmo uma melodia tranquila podem sinalizar ao teu corpo que é hora de descansar. Experimenta um pouco: sobrepõe uma tempestade distante a uma pista suave de piano e vê se te leva ao país dos sonhos.

A parte divertida? Podes misturar e combinar até se sentir perfeito. Tal como um poema, a tua paisagem sonora combina ritmos e emoções para criar um momento de calma, perfeitamente sintonizado com o instante que estás a viver.

Ferramentas Acessíveis para o Paisagismo Sonoro

Não precisas de equipamento sofisticado nem de um grande orçamento para começar com o paisagismo sonoro: há montes de ferramentas amigas dos iniciantes para te ajudar a mergulhar. As aplicações são um ótimo ponto de partida, e aqui tens algumas favoritas:

• **Calm**: Esta joia oferece uma biblioteca de paisagens sonoras — pensa em chuvas de floresta tropical, lareiras crepitantes ou instrumentais suaves —, além de meditações guiadas se quiseres um pouco de orientação extra. É perfeita para relaxar ou dormir.

• **Headspace**: Conhecida pela atenção plena, também tem sons para dormir e pistas ambientais para te facilitar a calma. É como um retiro no bolso.

• **Noisli**: Este é um parque de diversões para amantes do som. Podes misturar e combinar sons — como chuva, vento ou o ruído de um comboio — para construir o teu próprio ambiente personalizado.

Muitas destas aplicações têm versões gratuitas ou períodos de teste, por isso podes experimentá-las sem compromisso. Algumas até usam IA para personalizar as tuas paisagens sonoras, transformando a tecnologia numa aliada da calma. Descarrega uma, coloca os auscultadores e deixa a exploração começar: é assim tão simples!

Exercício: Criando a Tua Paisagem Sonora

Pronto para pôr as mãos na massa? Vamos fazer um pequeno exercício para te ligar aos sons ao teu redor. Encontra um lugar confortável onde estejas: a tua sala, um banco no parque, o teu quintal, e acomoda-te. Fecha os olhos se quiseres, respira fundo algumas vezes e simplesmente escuta. Dedica cerca de 5 minutos a absorver a paisagem sonora.

O que ouves? Talvez seja o murmúrio do trânsito, o canto de um pássaro ou o som constante de uma ventoinha. Pega num papel (ou na aplicação de notas do teu telemóvel) e lista cada som que notes. Depois, ao lado de cada um, anota como te faz sentir. O sussurro das folhas eleva-te o espírito? Uma porta a bater faz-te sobressaltar? Sem julgar, apenas com curiosidade.

Tal como um poema reflete as tuas emoções, este inventário sonoro é como um espelho para os teus ouvidos, mostrando-te o que nutre a tua calma e o que pode precisar de um pequeno ajuste. É um passo pequeno, mas afiará a tua consciência e ajudar-te-á a selecionar com intenção.

Recursos Gratuitos ou de Baixo Custo para o Paisagismo Sonoro

Se estás ansioso por começar mas queres manter os custos baixos, tens sorte: há muitas opções gratuitas ou baratas para explorar. O YouTube é uma mina de ouro: procura "ondas do mar para dormir" ou "sons de floresta para relaxar" e encontrarás horas de paisagens sonoras ao teu alcance. Descobri playlists que parecem férias, sem precisar de bilhete de avião!

Também há aplicações gratuitas como Relax Melodies ou MyNoise, onde podes misturar sons — pensa em grilos, uma lareira crepitante ou ondas suaves — na tua combinação perfeita. Num mundo dominado pelo ruído digital da IA, estes recursos permitem-te criar um refúgio sonoro acessível a todos, para que possas começar a construir o teu santuário hoje, independentemente do teu orçamento.

À medida que nos tornamos especialistas em criar as nossas paisagens sonoras, não devemos ignorar o profundo impacto do silêncio. No próximo capítulo, vamos mergulhar no poder do silêncio no paisagismo sonoro, compreendendo como, tal como as pausas num poema, ele complementa o som e melhora a nossa capacidade de encontrar a paz interior.

Equilibrando Silêncio e Som para a Serenidade

Armonizando el contraste como camino al interior

Num mundo cheio de ruído, o silêncio pode parecer um presente raro e precioso. No entanto, a quietude não é apenas a ausência de som; é um espaço onde podemos escutar os nossos próprios pensamentos, sentir a nossa própria presença e conectar-nos com a paz interior. Neste capítulo, vamos explorar o papel profundo do silêncio no paisagismo sonoro, compreendendo como ele complementa e potencia os sons que escolhemos. Tal como as pausas num poema, o silêncio dá ritmo e profundidade às nossas paisagens sonoras. Vais aprender a equilibrar o ruído, a música e a quietude, e descobrir os benefícios de praticar o silêncio consciente para aprofundar a tua consciência. Através de exercícios simples, como sentar-te em silêncio durante alguns minutos, experimentarás em primeira mão como o silêncio pode ser uma ferramenta poderosa para cultivar a paz interior. Num mundo saturado pelo ruído digital da IA, o silêncio torna-se um refúgio essencial para a serenidade.

Por Que o Silêncio é Tão Importante como o Som

O som manifesta-se de diversas formas, cada uma contribuindo de maneira única para o nosso mundo auditivo:

- **Sons da Natureza:** Estes sons naturais — como o sussurro das folhas, o canto dos pássaros, rios a correr ou ventos a uivar — ligam-nos à terra. Podem ser calmantes, como as ondas do mar, ou caóticos, como uma tempestade, oferecendo um encanto cru e sem filtros, ideal para o relaxamento ou o ancoramento.
- **Sons Melódicos**: Caracterizados pela sua qualidade musical, incluem música instrumental, canto ou mesmo o murmúrio harmonioso de maquinaria. Intencionalmente criados, evocam emoções, contam histórias e ressoam profundamente graças ao seu ritmo e estrutura.
- **Sons Ambientais**: Ruídos de fundo, como a chuva ou o murmúrio de uma cidade, estabelecem a atmosfera. Sejam naturais ou humanos, moldam subtilmente o nosso humor e a paisagem sonora sem exigir atenção, melhorando cenários como uma biblioteca silenciosa ou uma cafetaria movimentada.
- **Ruído**: Muitas vezes indesejado, inclui trânsito, obras ou maquinaria ruidosa. Subjetivo por natureza, pode ser disruptivo e stressante ou energizante, como um concerto de rock, dependendo da perceção.
- **Fala**: Vocalizações humanas — falar, sussurrar, gritar ou rir — carregam significado, emoção e intenção. Para além das palavras, o tom e a inflexão aprofundam a comunicação, tornando-a uma pedra angular da interação.
- **Sons de Animais:** Desde um cão a ladrar até um leão a rugir, estes ruídos oferecem perspetiva sobre o mundo natural. Servem para comunicação ou acasalamento e enriquecem a nossa coexistência com a vida selvagem.
- **Sons Mecânicos:** Produzidos por máquinas — como o tique-taque de um relógio ou o som constante de uma ventoinha —, refletem funcionalidade e progresso. Podem ser rítmicos e tranquilizadores ou dissonantes quando falham.
- **Sons Eletrónicos:** Apitos, tons ou sons sintetizados de telemóveis e computadores marcam a era moderna. Precisos e artificiais, servem como alertas práticos ou papéis criativos na música eletrónica.
- **Silêncio**: A ausência de som, o silêncio atua como um contraste vital. Realça o ritmo e a emoção na música e pode ser calmante ou inquietante na vida, dando significado aos sons que o rodeiam.

Juntas, estas formas — desde os sons da natureza até ao silêncio — criam uma sinfonia que influencia o modo como nos sentimos, pensamos e interagimos com a nossa paisagem sonora. Tal como um poema, esta sinfonia combina ritmo, emoção e pausas para enriquecer a nossa experiência.

Equilibrando Ruído, Música e Quietude

Criar uma paisagem sonora calmante implica encontrar harmonia entre o ruído, a música e a quietude. O ruído representa o bulício quotidiano da vida: pratos a chocar ou o barulho do trânsito. A música introduz sons intencionais, como uma playlist de ondas do mar ou uma melodia suave de guitarra. A quietude, encarnada pelo silêncio, fornece a calma que une tudo. Um desequilíbrio — ruído a mais, música avassaladora ou silêncio excessivo — pode perturbar a serenidade, deixando-nos agitados, afogados ou isolados. A chave é uma mistura pessoal que se sinta harmoniosa.

Para o conseguir, começa por reparar nos sons ao teu redor: quais te elevam e quais te stressam? Podes suavizar o ruído com música calmante ou criar espaços de quietude para restaurar. Um conceito útil aqui é a gama dinâmica: a diferença entre os momentos mais fortes e mais suaves. Tal como as pausas num poema, o silêncio amplifica esta gama, tornando os sons seguintes — como o canto de um pássaro ou uma corda dedilhada — mais vivos e reconfortantes depois de uma pausa tranquila.

Criando uma Paisagem Sonora Harmoniosa

Compreender as diversas formas do som capacita-nos a selecionar a nossa paisagem sonora de forma intencional. Seja aproveitando o poder ancorador dos sons da natureza, a força emocional da melodia ou a pausa clarificadora do silêncio, podemos moldar o nosso entorno para apoiar o bem-estar. Ao equilibrarmos conscientemente o ruído, a música e a quietude — adaptados à preferência pessoal —, criamos paisagens sonoras que não só melhoram as nossas vidas diárias, mas também acalmam a alma, tornando cada som mais vivo e significativo. Num mundo onde o ruído digital da IA pode sobrecarregar-nos, estas paisagens sonoras devolvem-nos a calma.

Praticando o Silêncio Consciente para Aprofundar a Consciência

Então, como fazer com que o silêncio seja mais do que um espaço entre sons? É aqui que entra o silêncio consciente: trata-se de estar completamente presente na quietude. Não se trata de forçar a mente a ficar em branco (boa sorte com isso!). É sentar-te contigo mesmo, reparar no que surge e deixar que seja. Praticar o silêncio consciente pode aprofundar a tua consciência e trazer uma sensação de paz que fica contigo, quer estejas a criar paisagens sonoras ou simplesmente a viver o teu dia. Tal como as pausas num poema, o silêncio consciente permite-te saborear a profundidade de cada momento.

Aqui tens um pequeno exercício para experimentares: encontra um lugar acolhedor onde não te interrompam. Senta-te confortavelmente, fecha os olhos e faz algumas respirações lentas e profundas. Depois, durante apenas dois minutos — coloca um temporizador se quiseres —, deixa-te estar em silêncio. Concentra-te na tua respiração, na sensação do teu assento ou mesmo nos sons ténues que possas ouvir. Os pensamentos aparecerão (sempre aparecem!), e tudo bem: imagina-os a flutuar como folhas num riacho. Quando os dois minutos terminarem, anota como te sentes. Talvez notes uma leveza, uma clareza ou apenas um sorriso tranquilo. Esta prática simples pode tornar-se o teu recurso para te ancorar, fazendo com que tanto as tuas paisagens sonoras como os teus momentos pacíficos se sintam ainda mais serenos.

A Ciência da Serenidade

Som e Hormônios

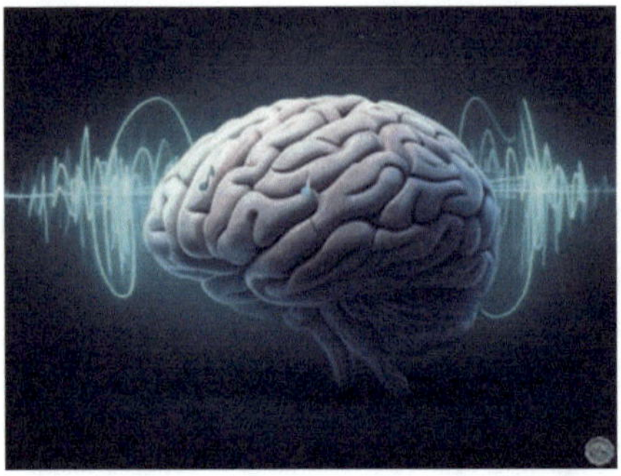

A serenidade, essa profunda sensação de calma e paz, faz mais do que apenas acalmar a mente; entrelaça a música, a linguagem e até o funcionamento dos nossos corpos de formas surpreendentes. A palavra "serenidade" tem uma ligação especial com "serenata", aquelas delicadas melodias noturnas que remontam ao latim serenus, que significa "claro" ou "tranquilo". Mas não é apenas uma ideia bonita: é algo real que nos afeta fisicamente, até às hormonas que circulam em nós. Seja nas notas suaves de uma serenata de Mozart ou num momento tranquilo só para ti, a serenidade pode reduzir hormonas de stress como o cortisol e a adrenalina, enquanto impulsiona as que nos fazem sentir bem, como a oxitocina, a serotonina e as endorfinas. Esta harmonia perfeita entre arte e ciência, que ressoa com os Pilares do Bem-Estar como Calma e Serenidade, une a tranquilidade e a música para equilibrar tanto o corpo como a mente. Num mundo saturado pelo ruído digital da IA, a serenidade oferece-nos um refúgio para a paz interior.

Como a Serenidade Faz a Sua Magia

Então, o que acontece dentro de nós quando sentimos esta calma? Quando estamos relaxados e sem stress, o sistema nervoso do nosso corpo — a parte que nos ajuda a reagir ao mundo — junta-se ao sistema endócrino, o centro de controlo das hormonas. Este trabalho em equipa envolve o sistema nervoso e o sistema endócrino. Quando o stress ataca, um centro de controlo no teu cérebro diz ao corpo para bombear cortisol, a hormona do stress, como se acionasse um interruptor de emergência. Pensa neles como a equipa de gestão de stress do corpo. Quando a serenidade entra em cena, mudam para o modo de relaxamento, reduzindo as hormonas de stress e aumentando as que nos fazem sentir bem. Tal como um verso poético que flui com suavidade, a serenidade restaura o equilíbrio, criando uma sensação tão natural e elevadora como uma melodia bem tocada.

Hormonas-Chave Afetadas pela Serenidade

Cortisol (A Hormona do Stress)

Vamos explorar algo que nos afeta a todos: o stress e o impacto que tem nos nossos corpos. Em concreto, vamos mergulhar no cortisol, muitas vezes chamado a hormona do stress, e como um pouco de serenidade pode fazer uma grande diferença.

O que é o Cortisol?

Conheces aquela sensação quando estás stressado: o coração a bater rápido ou a mente que não se acalma? É aí que o cortisol entra em ação. É como o sistema de alarme incorporado do teu corpo, libertado pelas glândulas suprarrenais para te ajudar a lidar com esses momentos tensos. Todo o processo é gerido por uma parte do teu cérebro chamada eixo HPA (sigla de eixo hipotálamo-hipófise-adrenal, mas não te preocupes, não vamos ficar muito técnicos).

Funciona assim: quando o stress bate, o teu cérebro inicia uma reação em cadeia. Uma parte, o hipotálamo, envia um sinal — pensa nele como um pequeno mensageiro chamado CRH — a outra parte, a glândula pituitária. Essa parte diz então às tuas glândulas suprarrenais: "Ei, está na hora de libertar cortisol!". É um esforço de equipa para te ajudar a superar esses momentos difíceis.

Como a Serenidade Ajuda

Agora vem a parte realmente boa: quando te sentes calmo e sereno, o teu corpo não precisa de soar o alarme tanto. Esse eixo HPA de que falámos pode descansar um pouco. Menos stress significa menos mensageiros (CRH, uma hormona que sinaliza stress, e ACTH, que desencadeia o cortisol) a correr por aí, o que leva a menos cortisol a circular no teu sistema.

A ciência confirma: estudos descobriram que práticas simples como meditação, respiração profunda ou ouvir uma serenata podem reduzir os níveis de cortisol entre 20 e 30%. Isso é enorme, não é? É como dar ao teu corpo um abraço quente e acolhedor por dentro, ligando-te à calma através da poesia ou do paisagismo sonoro.

Oxitocina (A Hormona do Vínculo)

Conheces aquela sensação quente e reconfortante quando ris com um amigo ou recebes um abraço suave? Isso é a oxitocina a fazer a sua magia! Chamada muitas vezes "a hormona do vínculo", a oxitocina é como o químico natural dos abraços do teu corpo. É produzida no hipotálamo e libertada pela glândula pituitária para te fazer sentir conectado, confiante e profundamente relaxado, especialmente em momentos positivos e tranquilos.

Aqui está o genial: quando estás num estado sereno — pensa em toques suaves, música relaxante, recitar poesia ou um momento de atenção plena —, o teu corpo aumenta a produção de oxitocina. Pesquisas, como estudos da Neuroscience & Biobehavioral Reviews, mostram que ambientes serenos ou estados meditativos podem elevar os níveis de oxitocina, sobretudo quando te sentes seguro e amado. É como se o teu cérebro celebrasse a calma, convidando-te a prolongá-la. E o resultado? Mais oxitocina significa mais calor emocional e tranquilidade, criando um ciclo acolhedor que te mantém sereno.

Por isso, da próxima vez que precisares de um pequeno impulso emocional, experimenta abraçar a serenidade: é como enrolar o teu coração numa manta quente.

Serotonina (O Regulador do Humor)

Alguma vez te perguntaste por que uma mente calma se sente tão refrescante? Isso é a serotonina, o impulsionador natural do humor do teu cérebro, em ação. Este neurotransmissor é como um ajudante da felicidade, mantendo o teu humor estável, o teu sono reparador e a sensação de bem-estar forte. É produzido no cérebro (e até no intestino!) com a ajuda de áreas como os núcleos da rafe, e prospera quando te sentes bem.

Agora, a serenidade dá um empurrão à serotonina. Quando estás calmo — talvez depois de meditar ou simplesmente limpar a mente do caos —, o teu cérebro recebe um impulso de serotonina. Estudos com scanners PET em meditadores mostraram que práticas que induzem calma podem mesmo aumentar os níveis de serotonina. Além disso, quando estás menos stressado, o cortisol (essa hormona chata do stress) não bloqueia a produção de serotonina, deixando-a fluir livremente. O benefício? Mais serotonina traz mais paz e contentamento, tornando o teu estado sereno ainda mais sólido.

Portanto, quando precisares de um boost de humor, procura um pouco de calma: é como sol para a tua alma!

Endorfinas (Analgésicos Naturais)

Conheces aquela sensação encantadora quando ris com amigos ou te mergulhas na paz da natureza? Isso são as endorfinas a fazer-te sentir bem por dentro. Estes pequenos péptidos, libertados pela glândula pituitária e pelo hipotálamo, são como os ajudantes naturais do bem-estar do teu corpo. Aparecem durante atividades prazerosas ou calmantes — como exercício, risos, ler poesia ou ouvir música — e trazem um sorriso ao teu rosto.

Embora as endorfinas sejam famosas pela euforia pós-exercício, os estados serenos também podem provocar uma libertação mais subtil. Imagina ouvir música relaxante (como uma serenata) ou desfrutar de um momento tranquilo ao ar livre: isso pode desencadear um pequeno impulso de endorfinas. Não é tão intenso como um pico de exercício, mas estudos sobre musicoterapia mostram que é mensurável e real. Este impulso subtil acrescenta uma sensação tranquila de bem-estar ao teu dia, tornando o efeito calmante da serenidade ainda mais doce.

Por isso, quando te sentires em baixo, abraça a serenidade: é como um abraço suave para o teu coração!

Melatonina (A Hormona do Sono)

Alguma vez reparaste como uma noite tranquila te deixa pronto para dormir? Isso é a melatonina, a guia natural do sono do teu corpo, a fazer o seu trabalho. Produzida pela glândula pineal no teu cérebro, esta hormona regula os teus ciclos sono-vigília e adora um ambiente calmo e escuro. Mas coisas como luzes fortes ou stress podem desequilibrá-la, graças ao cortisol a criar obstáculos.

Aqui é onde a serenidade salva o dia: um estado calmo, especialmente à noite, reduz os níveis de cortisol, permitindo que a produção de melatonina flua sem problemas. Criar uma atmosfera serena — como recitar um poema tranquilo, desfrutar de uma melodia serena ou relaxar em silêncio — alinha-se perfeitamente com o aumento natural de melatonina do teu corpo à noite. O resultado? Mais melatonina significa relaxamento mais profundo e sono reparador, transformando as tuas noites num retiro pacífico.

Por isso, quando chegar a hora de dormir, conecta-te com a serenidade: é como uma chávena quente de cacau para a tua alma!

Resumindo

Não é incrível como um pouco de serenidade pode fazer tanto? Ao impulsionar a oxitocina, a serotonina, as endorfinas e a melatonina, não só te sentes mais calmo agora: estás a preparar-te para melhores humores, conexões mais fortes e sonhos mais doces. Esta calma ressoa com os Pilares do Bem-Estar, como Calma e Serenidade, que nos guiam para a paz interior. Por isso, da próxima vez que a vida parecer esmagadora, lembra-te de que a serenidade é um aliado poderoso para o teu corpo e mente. Num mundo onde o ruído digital da IA pode sobrecarregar-nos, a serenidade é um refúgio para a calma. Abraça-a e deixa a tranquilidade fluir!

Aplicando a Paz

O Impacto dos Sons no Corpo e na Mente

A serenidade, seja inspirada por uma serenata relaxante, um verso poético ou uma pausa consciente, afeta profundamente o nosso estado físico e mental. Ativa a resposta de relaxamento do corpo (sistema nervoso parassimpático), acalmando a resposta ao stress (sistema nervoso simpático). Esta mudança reduz as hormonas do stress, como o cortisol e a adrenalina, enquanto promove a libertação de hormonas apaziguadoras, como a oxitocina e a serotonina. Num ambiente saturado pelo ruído digital da IA, estas práticas devolvem-nos a calma.

As técnicas que promovem a serenidade — como a atenção plena, recitar poesia ou ouvir música tranquila — também influenciam a atividade cerebral. Aumentam as ondas alfa, associadas ao relaxamento, o que se correlaciona com uma redução das hormonas do stress e um aumento dos níveis de serotonina e endorfinas, os impulsionadores naturais do bem-estar do corpo. Um ciclo de retroalimentação intensifica este efeito: ao diminuírem as hormonas do stress, os sinais físicos de tensão — como ritmo cardíaco elevado ou pressão arterial alta — reduzem-se, reforçando a sensação de calma e estabilizando ainda mais os níveis hormonais. Estas práticas, alinhadas com o Pilar de Calma e Serenidade, promovem um estado de bem-estar profundo.

Limitações

Diferenças Individuais: O impacto da serenidade varia; alguém com ansiedade crónica pode não sentir uma redução imediata do cortisol.

Duração: Uma calma breve, por exemplo, uma pausa de 5 minutos, pode não influenciar tanto as hormonas como uma paz prolongada, como uma hora de meditação.

Desafios de Medição: As alterações hormonais são medidas indiretamente através de marcadores como o cortisol na saliva ou a serotonina no sangue, não em tempo real.

Apesar destas limitações, práticas como recitar poesia ou criar paisagens sonoras podem ser acessíveis para fomentar a calma em qualquer momento.

Resumo dos Efeitos da Serenidade

Em essência, a serenidade reduz as respostas ao stress e potencia as substâncias que promovem o bem-estar, criando um efeito em cascata onde a calma gera ainda mais calma através do cérebro e do sistema endócrino. Os sons relaxantes, como os de uma serenata ou um verso poético, podem amplificar este processo, funcionando como um sinal externo que reduz o stress enquanto melhora subtilmente o estado de espírito.

O Poder Curativo da Música

O mundo médico reconhece há muito as propriedades curativas da música para a mente. A capacidade da música para reduzir o stress e a ansiedade, ao mesmo tempo que melhora as capacidades cognitivas e a memória, inspirou um campo da medicina conhecido como musicoterapia, que existe de alguma forma desde finais do século XVIII. De forma semelhante, a poesia, com o seu ritmo e emoção, partilha estas propriedades curativas. Num mundo dominado pelo ruído digital da IA, a musicoterapia oferece um refúgio para a mente.

Tendo descoberto como a serenidade, através do som e do silêncio, molda a nossa fisiologia, mudamos agora o foco para a arte da poesia. No próximo capítulo, vamos explorar como a serenidade se entrelaça com a poesia e as paisagens sonoras para se fundirem e criarem experiências imersivas e transformadoras que envolvem tanto a mente como os sentidos. Estas experiências, alinhadas com o Pilar de Tranquilidade e Paz Interior, transformam o nosso bem-estar.

Fim da Parte II

Parte III

A Poesia Como Caminho para a Paz

«Não se sinta sozinho, o universo inteiro está dentro de você."

– Rumi

Preludio a la Parte III

A Poesia Como Caminho para a Paz

As palavras têm uma capacidade singular de tocar os nossos corações, expressar os nossos sentimentos mais profundos e guiar-nos para a paz. Na Parte III, exploramos o poder transformador da poesia, uma forma de expressão que funciona como um prisma para as nossas emoções e um bálsamo para as nossas lutas. Nos capítulos seguintes, descobrirás a poesia como algo mais do que palavras: um companheiro da serenidade. Quer sejas novo na poesia ou um admirador de longa data, esta secção convida-te a explorar o seu potencial para a alquimia emocional e a atenção plena. Alinhada com o Pilar de Tranquilidade e Paz Interior, a poesia transforma as nossas emoções num refúgio de calma. Num mundo saturado pelo ruído digital da IA, a poesia oferece um refúgio para a tranquilidade e a conexão emocional.

Esta viagem guiar-te-á através da alquimia da poesia, da atenção plena e das suas expressões intemporais.

A Alquimia da Poesia

Transformando Emoção em Verso

A poesia é uma ferramenta poderosa para a alquimia emocional, transformando sentimentos negativos em positivos através da expressão, da compreensão e da transmutação. Ao expressar emoções, a poesia — seja escrita ou lida — ajuda a manifestar sentimentos complexos como a tristeza ou a raiva, tornando-os tangíveis e mais fáceis de enfrentar. Através da compreensão, as metáforas e imagens da poesia aprofundam a nossa exploração dos sentimentos, revelando as suas raízes, como um alquimista que converte matérias-primas em tesouros. Através da transmutação, criar ou interagir com a poesia muda perspetivas, reformulando a dor como beleza ou o caos como clareza, convertendo o "chumbo" emocional em "ouro". Ao tender uma ponte entre a mente inconsciente e consciente, a poesia promove a cura e o crescimento, encarnando a alquimia emocional. Alinhada com o Pilar de Tranquilidade e Paz Interior, a poesia transforma o caos emocional em calma e clareza. Num mundo saturado pelo ruído digital da IA, a poesia oferece um refúgio para processar e transformar as nossas emoções.

Transformando Emoções Através do Verso

Alguma vez um poema nomeou um sentimento que não conseguias articular, como uma calma repentina no meio da tempestade? É esta a magia da poesia: a sua capacidade de transformar as nossas emoções cruas em algo belo e significativo. Neste capítulo, exploramos como a poesia funciona como alquimia emocional, transmutando experiências internas em força e paz. Vamos analisar como o ritmo, a linguagem e o sentimento se entrelaçam, aprendendo técnicas de leitura consciente para permitir que as imagens vívidas e a cadência nos acalmem e inspirem. Tal como um paisagem sonora, o ritmo da poesia envolve-nos, guiando-nos para a calma. Através de exemplos históricos e modernos — como os versos apaziguadores de Rumi que abraçam a alma ou os poemas de natureza de Mary Oliver —, veremos o poder curativo da poesia ao longo do tempo, e terás a oportunidade de criar as tuas próprias linhas. Num mundo onde o ruído digital da IA pode sobrecarregar-nos, a poesia oferece-nos um espaço de calma e reflexão.

Atenção Plena na Poesia

Convidamos-te a explorar "A Poesia como Alquimia Emocional", um capítulo que te mergulha no poder transformador da poesia. Parte de Como Encontrar Serenidade com Palavras e Melodias, esta secção explora como os versos, dentro de "A Poesia da Paz", fomentam a expressão emocional, a atenção plena e a serenidade. Imagina a poesia como uma ferramenta de alquimista, convertendo emoções turbulentas em momentos de clareza e calma. Quer sejas novo na poesia ou um leitor experiente, este capítulo é para ti. Descobriremos por que a poesia ressoa, como saboreá-la com atenção plena e o seu papel curativo ao longo dos séculos. Além disso, vais tentar escrever as tuas próprias palavras — acessível a todos. Alinhada com o *Pilar de Sabedoria e Maior Consciência,* esta prática aprofunda a nossa relação connosco mesmos. Comecemos juntos esta exploração serena.

Benefícios de Ler Poesia

Ler poesia oferece uma multitude de benefícios que enriquecem a mente, o coração e a alma. Proporciona uma poderosa conexão afetiva, ajudando os leitores a processar e expressar sentimentos complexos enquanto fomenta a empatia e a compreensão por perspetivas diversas. O linguagem imaginativo da poesia e as suas imagens vívidas potenciam a criatividade, expandem o vocabulário e melhoram as competências de comunicação. As suas qualidades rítmicas e líricas promovem a atenção plena e a presença, oferecendo uma fuga meditativa que pode reduzir o stress e proporcionar cura emocional. Além disso, a poesia estimula o pensamento crítico ao desafiar os leitores a interpretar simbolismo, temas e metáforas, enquanto oferece perspetivas culturais e históricas que aprofundam a nossa compreensão do mundo.

Para além das suas recompensas intelectuais e emocionais, a poesia inspira e motiva, transmitindo mensagens de esperança, resiliência e beleza que fomentam o crescimento pessoal. Reaviva um sentido de maravilha e apreço pelos pequenos momentos da vida, lembrando-nos de desacelerar e saborear a riqueza das nossas experiências. Num ambiente dominado pelo ruído digital da IA, a poesia convida-nos a reconectar com a nossa humanidade. Seja lida por prazer, reflexão ou estimulação intelectual, a poesia é uma forma de arte transformadora que nutre a criatividade, a empatia e uma ligação mais profunda connosco mesmos e com o mundo que nos rodeia.

Conexão Entre Ritmo, Linguagem e Sentimento

Alguma vez sentiste como um poema acelera o teu coração ou desperta uma dor silenciosa? A poesia tece ritmo, linguagem e sentimento num ser vivo. Ao contrário da escrita quotidiana, destila as palavras à sua essência: cada uma escolhida para despertar uma imagem, um som ou uma emoção. O ritmo — desde o batimento constante de um soneto até ao fluxo do verso livre — dança com a tua respiração, atraindo-te para o seu mundo. Tal como um paisagem sonora, o ritmo da poesia cria uma melodia que ressoa com a alma. Como ondas a lamber a praia, a poesia acalma ou agita, sempre te comovendo. As pausas entre linhas convidam-te a demorar, sentindo o peso do não dito, como em "O mundo está em silêncio agora", onde o silêncio aprofunda a calma. Assim, a poesia canta à tua alma, transformando emoções cruas em paz e profundidade.

Técnicas para Ler Poesia com Atenção Plena: Respiração e Imagem

Agora que compreendes o impacto emocional da poesia, vamos experimentá-la com maior presença. A leitura consciente transforma a poesia numa mini-meditação, ajudando-te a ancorar em ti mesmo e a abraçar a sua magia. Alinhada com o Pilar de Calma e Serenidade, esta prática conecta-te com a paz interior. Aqui tens formas simples de começar:

- **Lê Lentamente e em Voz Alta** – A poesia floresce quando é ouvida. Pronuncia as palavras em voz alta, mesmo suavemente, notando como rolam na tua língua, como se saboreasses o sabor único do poema.
- **Concentra-te na Tua Respiração** – Deixa que o ritmo do poema guie a tua respiração: inspira no início de uma linha, expira no fim, ou faz uma pausa numa vírgula, sincronizando corpo e palavras.
- **Visualiza as Imagens** – Quando um poema pinta uma cena, como "O mundo está em silêncio agora", fecha os olhos e vive-a. Sente-a. Que emoções surgem ao entrares nesse momento?
- **Pausa e Reflete** – Após a leitura, reflete sobre o que se agitou dentro de ti: uma memória, uma sensação de calma? Deixa o poema assentar sem pressa.

Estes passos são presentes, não regras, para aprofundar a tua conexão. Adapta-os a ti: a poesia molda-se às tuas necessidades.

Silêncio na Poesia: Pausar para Impactar

Para além do ritmo e das imagens, as pausas da poesia oferecem um caminho para a atenção plena, perfeito para um livro sobre a serenidade através de palavras e melodias. Ao leres um poema — teu ou de um favorito —, as palavras têm poder. Contudo, uma pausa pode amplificar o seu significado. Pensa numa linha como "O mundo está em silêncio agora", seguida de um silêncio sereno. Esta pausa não é apenas um descanso: é um momento para sentir a quietude, deixando as palavras ressoarem no teu coração. Tal como as pausas num paisagem sonora, o silêncio na poesia amplifica a sua ressonância emocional. Ao partilhar poesia em voz alta, experimenta demorar entre linhas ou estrofes. O silêncio aprofunda a emoção, cria expetativa e convida à conexão, mesmo quando lês sozinho. Num mundo cheio de ruído digital da IA, estas pausas devolvem-nos a calma. Podem transformar a leitura numa reflexão tranquila e poderosa.

Exemplos Históricos e Modernos de Poesia Curativa

O poder curativo da poesia atravessa séculos, um companheiro silencioso ao longo do tempo. Há muito, "A Casa de Hóspedes" de Rumi entreteceu amor e anseio em versos que ainda oferecem paz no meio do caos. No século XIX, românticos como Wordsworth transformaram a beleza da natureza em palavras, como um passeio por um bosque, curando espíritos. Os seus versos, como um paisagem sonora da natureza, envolvem a alma em calma. Hoje, "Eu não sou eu" de Juan Ramón Jiménez acalma com imagens de simplicidade e aceitação, convidando-te a uma introspeção profunda. Poetas como Manoel Acuña criam poemas curtos e honestos que curam ao afirmar experiências partilhadas. Em terapia, escrever ou ler poesia ajuda a desembaraçar emoções, processando a dor para encontrar luz. Estas vozes, antigas e modernas, revelam a poesia como um bálsamo intemporal, transformando a dor em esperança.

Praticando a Leitura Consciente com "Eu não sou eu"

Convidamos-te a experimentar a leitura consciente com "Eu não sou eu" de Juan Ramón Jiménez, um breve poema carregado de profundidade e com um apelo calmante à introspeção, escolhido pelas suas imagens de autoaceitação e essência eterna. Tal como escutar um paisagem sonora, esta prática mergulha-te na calma do poema. Assim se começa: encontra um lugar tranquilo e lê-o lentamente em voz alta (ou em silêncio, se preferires).

- **Deixa a tua respiração seguir as linhas:** inspira suavemente em "Sou este que vai ao meu lado sem eu o ver", expira enquanto te observas a ti mesmo.
- **Explora a dualidade da identidade humana:** não és apenas o que pensas ser, existe outra versão mais autêntica de ti. O que vês ou sentes?
- **Depois**, faz uma pausa por um momento.

Sentiste-te mais leve ou ancorado? Anota um pensamento, se quiseres. Aqui tens um excerto (o poema completo está na secção de Recursos):

O que se agitou dentro de ti?
Sem pressões, apenas repara.

Este é o teu primeiro passo na suave alquimia da poesia.

Um Exercício Breve: Escreve a Tua Própria Impressão Emocional

Convidamos-te a tornar-te poeta. Este exercício procura expressão autêntica, não perfeição, dando forma às tuas emoções como um passo na alquimia da poesia. Alinhado com o Pilar de Transformação e Autorrealização, ajuda-te a transformar os teus sentimentos em palavras. Faz uma pausa para te registares: como te sentes — calmo, inquieto? Começa com uma frase como "Sinto..." ou "Neste momento, sou..." e deixa as palavras fluírem. Aqui tens exemplos para te inspirar:

- "Sinto-me como uma pipa, puxando a corda, prestes a voar ou a romper-se."
- "Neste momento, sou um seixo, quieto, à espera do abraço do riacho."

Escreve ou reflete sobre uma linha sobre o teu estado emocional, depois lê-a em voz alta para sentir o seu peso. Como se sente dar forma ao teu mundo interior? Esta é a tua peça de alquimia emocional, tornando o momento tangível e verdadeiro.

Explorando Formas Poéticas e os Seus Impactos Emocionais

A poesia é uma arte vibrante e em constante evolução, com "estruturas" que abrangem diversos estilos, tipos definidos por esquemas de rima, métrica, comprimentos de linha, estrofes ou temas. Algumas, enraizadas em tradições culturais, seguem regras estritas; outras oferecem liberdade sem limites.

A poesia vem em todas as formas e tamanhos, cada expressão agitando emoções como um menu de estados de espírito para explorar. Tal como paisagens sonoras, estas formas poéticas criam melodias emocionais únicas. Embora a imensidão da poesia desafie um catálogo completo, a secção de Recursos lista as formas principais com descrições das suas características, usos e impacto emocional. Aqui tens um vislumbre de algumas: experimenta escrevê-las ou lê-las para descobrir o que ressoa.

Num mundo dominado pelo ruído digital da IA, estas formas poéticas convidam-nos a encontrar calma e significado. Tendo explorado o poder transformador da poesia, está na hora de aprender como aproveitar esse poder nas nossas vidas quotidianas.

As Raízes do Poder Calmante da Poesia

Da Palavra ao Coração: História e Ciência

Tendo dado forma aos teus sentimentos em verso, vamos explorar as diversas formas que dão poder aos versos. Discutiremos técnicas práticas para ler poesia com atenção plena, selecionar poemas que ressoem com os nossos sentimentos e usar a poesia como ferramenta de reflexão e cura.

Durante séculos, a poesia ofereceu paz, as suas palavras um batimento constante no meio do caos. O que nutre o seu poder calmante? Vamos explorar as raízes históricas, científicas e espirituais da serenidade da poesia, revelando por que continua a ser um refúgio intemporal para a alma. Alinhada com o Pilar de Tranquilidade e Paz Interior, esta exploração revela a poesia como um caminho para a calma. Num mundo saturado pelo ruído digital da IA, a poesia oferece um refúgio sereno para a alma.

Desenterrando a Fonte da Paz da Poesia

A poesia foi, durante muito tempo, um refúgio para a mente inquieta, um bálsamo para a alma cansada. Mas por que possui tanto poder para nos acalmar? Neste capítulo, mergulharemos nas raízes da natureza apaziguadora dos versos: explorando o seu papel histórico como fonte de serenidade, a ciência por trás do seu abraço rítmico e as ligações espirituais que fomenta. Tal como um paisagem sonora, o seu abraço rítmico envolve a alma em calma. Através de histórias, exemplos e perspetivas, descobriremos como a poesia foi, e continua a ser, um caminho intemporal para a paz. Quer sejas leitor experiente ou novo no verso, estas raízes ancorar-te-ão na força silenciosa da poesia e inspirar-te-ão a entretecê-la na tua própria vida. Num mundo dominado pelo ruído digital da IA, a poesia oferece-nos um refúgio de paz.

Raízes Históricas da Poesia e da Serenidade

Desde cantos antigos até sonetos modernos, a poesia foi companheira na busca da humanidade pela calma. Nas civilizações mais antigas, o verso rítmico estava frequentemente ligado ao ritual: imagina os hinos védicos da Índia ou as epopeias orais da Grécia, recitados para estabilizar o espírito antes da batalha ou da oração. Os monges medievais encontravam consolo ao copiar os Salmos à luz das velas, os seus versos servindo como salva-vidas para a paz divina. No Japão, o haiku surgiu como forma de captar momentos fugazes de quietude no meio do caos da vida. Ainda hoje, as leituras de poesia em cafés ou espaços online funcionam como pausas comunitárias, onde as palavras abrandam o giro do mundo. Tal como paisagens sonoras, estas leituras criam um espaço de calma partilhada. Alinhada com o Pilar de Tranquilidade e Paz Interior, a poesia teceu calma ao longo dos séculos, costurando momentos de paz num mundo fraturado.

A Ciência do Efeito Calmante da Poesia

Mas o que torna a poesia tão singularmente apaziguadora? A ciência dá-nos pistas. O cérebro está preparado para o ritmo, e quando lemos ou ouvimos poesia, as nossas mentes sincronizam-se com a sua métrica, muito parecido com um batimento cardíaco ou uma canção de embalar. Tal como um paisagem sonora, o ritmo da poesia alinha as nossas mentes com a calma. Investigação, como estudos em biblioterapia, sugere que ler verso métrico pode reduzir as hormonas de stress, criando um efeito calmante semelhante ao da música suave. A rima e a repetição também desempenham um papel, oferecendo previsibilidade que acalma o sistema nervoso. Escrever poesia envolve os centros criativos do cérebro, desviando o foco da ansiedade para o fluxo. Não é de surpreender que a biblioterapia — o uso da literatura para a cura — recorra frequentemente ao verso.

Num ambiente saturado pelo ruído digital da IA, a poesia oferece uma pausa reparadora, tornando-se uma rebelião silenciosa contra o caos.

A Poesia como Âncora Espiritual e Emocional

Para além da ciência, a poesia toca algo mais profundo: a nossa alma, os nossos sentimentos. Destila sentimentos complexos em linhas simples, tornando o avassalador manejável. Uma única estrofe pode conter dor, alegria ou anseio, oferecendo um espelho ao nosso mundo interior. Para muitos, a poesia é uma forma de oração ou meditação, uma maneira de se conectarem com algo maior — seja a natureza, o amor ou o divino. Imagina os versos de São João da Cruz sobre a união mística ou as odes de Octavio Paz ao natural e ao sagrado; as suas palavras não só descrevem a paz, evocam-na. Alinhada com o Pilar de Confiança e Resiliência, a poesia conecta-nos com a nossa essência, ancorando-nos no presente e recordando-nos a nossa humanidade partilhada.

Exemplos e Anedotas da Vida Real

Imagina a professora rural em Chiapas que levava sempre consigo um pequeno caderno com versos de Gabriela Mistral, lendo em voz baixa aos alunos antes de começar a aula, como se cada estrofe semeasse calma no meio da precariedade. Ou imagina como, após o terramoto de 1985 na Cidade do México, os vizinhos se reuniam à noite à volta de velas e alguém recitava fragmentos de "Alturas de Macchu Picchu" de Pablo Neruda, encontrando nas suas palavras uma forma de resistência poética e consolo partilhado. Tal como um paisagem sonora, estas recitações criavam um espaço de calma partilhada. Estas histórias revelam que o poder da poesia não é teórico nem distante: é íntimo, tangível, um refúgio emocional no meio do caos. Num mundo onde o ruído digital da IA pode sobrecarregar-nos, estas histórias mostram a poesia como um refúgio palpável.

Aplicando a Poesia para a Serenidade Pessoal

Como podes abraçar este poder? Começa pequeno: leva um poema favorito no bolso ou no telemóvel, uma pedra de toque para os dias difíceis. Lê-o em voz alta: tal como um paisagem sonora, o ritmo do poema envolve-te em calma. Se te sentires inclinado, escreve os teus próprios versos, sem regras; o próprio ato é uma libertação. Junta-te a um círculo de poesia, online ou presencial, para partilhar a calma com outros. Quando o mundo parecer demasiado ruidoso, encontra um canto tranquilo e deixa que um poema seja o teu companheiro. Alinhadas com o Pilar de Calma e Serenidade, estas práticas guiam-te para a paz interior. Por agora, sabe que a poesia está ao teu alcance, à espera de estabilizar o teu espírito.

O Dom Intemporal da Poesia

As raízes do poder calmante da poesia correm profundas: através da história, da ciência, do espírito e das histórias. É um presente transmitido de geração em geração, tão vivo hoje como era em tempos antigos. Ao virar estas páginas, lembra-te: a poesia não são apenas palavras numa página; é uma porta para a paz, um lembrete de que a serenidade está tecida no tecido da linguagem. Alinhada com o Pilar de Tranquilidade e Paz Interior, a poesia convida-te a reconectar com a calma. Num mundo onde o ruído digital da IA pode sobrecarregar-nos, a poesia permanece como um refúgio intemporal. Deixa que te guie, linha a linha, de volta a ti mesmo.

Leva este dom contigo: deixa que a poesia te guie de volta à serenidade.

Cura Através da Poesia

Guia do Leitor

Construir uma biblioteca de poesia pessoal é como criar um santuário de calma e introspeção. Neste capítulo, guiamos-te na seleção de uma coleção que reflita o teu paisagem emocional. Aprenderás técnicas de leitura consciente para deixar que cada palavra ressoe, juntamente com formas de escolher poemas que coincidam com os teus estados de espírito e momentos, usando os versos para reflexão e cura. Alinhada com o Pilar de Cura e Equilíbrio, esta prática conecta-te com o teu mundo interior. Quer estejas à procura de consolo no stress ou de alegria no dia a dia, este capítulo revela a poesia como um companheiro fiel no teu caminho para a serenidade. Num mundo saturado pelo ruído digital da IA, a poesia oferece um refúgio para a calma e a introspeção.

Construindo uma Biblioteca de Poesia Pessoal para o Bem-Estar Emocional

Imagina ter um pequeno canto do teu mundo cheio de poemas que parecem ter sido escritos só para ti: palavras que te fazem parar, que envolvem o teu coração como um abraço quente. É isso que pode ser uma biblioteca de poesia pessoal: um santuário para a tua alma. Tal como um paisagem sonora, a tua biblioteca de poesia cria uma melodia única para a tua alma. Não se trata de reunir todos os poemas famosos que existem; trata-se de colecionar aqueles que te falam. Devem sentir-se como velhos amigos, prontos para oferecer calma ou insight quando precisares.

Por que criar uma? Porque os versos têm uma forma especial de te encontrar onde estás emocionalmente. Quando a vida parece caótica, um verso suave pode trazer-te de volta à quietude. Quando estás transbordante de alegria, um poema animado pode dançar com a tua felicidade. Para começar, pensa nos poemas que já te tocaram: talvez uma linha que perdura na tua mente ou uma peça que uma vez te fez chorar. Anota-os. Se és novo na poesia, não te preocupes: este capítulo ajudar-te-á a fazer crescer a tua coleção passo a passo. Por agora, vê a tua biblioteca como algo vivo, que evoluirá contigo enquanto viajas rumo à serenidade.

Técnicas para uma Leitura Profunda e Consciente

Com um poema à tua frente, como te conectas profundamente? Ao contrário de folhear notícias, a poesia convida-te a demorar, deixando que cada palavra ressoe. Alinhada com o *Pilar de Calma e Serenidade,* a leitura consciente transforma um verso num momento de paz ou insight. Assim se saboreia:

- **Lê em Voz Alta** – A poesia floresce quando é falada. Pronuncia as palavras em voz alta, sentindo o seu ritmo enquanto rolam na tua língua, como as primeiras notas de uma canção. Tal como um paisagem sonora, o ritmo do poema envolve-te numa melodia serena.
- **Visualiza as Imagens** – Os poetas pintam com palavras. Imagina as suas cenas: um lago tranquilo, um pôr do sol ardente, deixando que as imagens floresçam na tua mente.
- **Nota as Tuas Emoções** – O que evoca o poema? Calma, tristeza ou esperança? Os teus sentimentos conectam-te com o seu coração.
- **Procura Padrões** – Repara em palavras repetidas ou rimas, sinais que destacam o núcleo do poema.
- **Considera o Título** – Um título estabelece o tom, abrindo uma porta ao significado do poema.

Toma o teu tempo; não há pressa. Se um poema parecer esquivo, a sua beleza pode revelar-se pouco a pouco, como uma flor que se abre ao sol. Experimenta ler em voz alta Juan Ramón Jiménez: “Inteligência, dá-me o nome exato das coisas!” Sente a urgência em “exato” e percebe o anseio de captar a essência do mundo com palavras precisas. Isso é a leitura consciente em ação: uma conexão íntima entre palavra, emoção e presença.

Escolhendo Poemas que Ressoem com Diferentes Estados de Espírito

A poesia pode ser como um amigo que sabe sempre o que dizer. Sentindo-te sobrecarregado? Um poema sereno pode acalmar-te. Transbordante de alegria? Um juguetão pode juntar-se à celebração. A arte está em aprender a escolher poemas que coincidam com o teu humor ou o transformem suavemente.

Começa por te registares contigo mesmo: do que precisas agora? Calma? Inspiração? Um momento tranquilo? Se estás stressado, podes gravitar para poemas sobre a paz da natureza, como uma brisa suave entre as árvores. Se estás triunfante, um poema de gratidão pode sentir-se perfeito. À medida que a tua biblioteca cresce, podes até organizá-la por emoção: imagina uma secção de "paz" ou um canto de "coragem", para teres as palavras certas ao alcance da mão. Tal como compor um paisagem sonora, esta seleção cria uma melodia para a tua alma. Num mundo onde o ruído digital da IA pode sobrecarregar-nos, esta biblioteca oferece-te um refúgio de calma.

Recomendações de Poemas para Diferentes Emoções

Procuras um ponto de partida? Aqui tens uma lista curta de poemas que coincidem com alguns sentimentos comuns: pensa neles como pequenos presentes para guardar na tua biblioteca. Tal como paisagens sonoras, estes poemas ressoam com as tuas emoções mais profundas:

- **Para a Paz:** "O poema da minha vida" de Idea Vilariño – Uma meditação serena que abraça a simplicidade da existência e a quietude do essencial.
- **Para o Luto:** "Massa" de César Vallejo – Um poema poderoso sobre a união humana perante a morte, que transforma a perda em redenção coletiva.
- **Para a Alegria:** "Tática e estratégia" de Mario Benedetti – Um jogo de palavras amoroso que desperta sorrisos pela sua ternura e engenho.
- **Para o Amor:** "Amo-te" de Pablo Neruda (Soneto XVII) – Uma declaração profunda, simples e eterna do amor que não pretende deslumbrar, mas acompanhar.
- **Para a Esperança:** "Vou viver" de Alfonsina Storni – Uma afirmação de vida corajosa e luminosa que renasce mesmo na adversidade.

Cada poema, alinhado com o *Pilar de Tranquilidade e Paz Interior,* guia-te para o bem-estar. Mergulha nestes e vê qual desperta algo em ti: são apenas o começo da tua aventura poética.

Dicas para Descobrir Poemas Pessoais

Essas recomendações são um encantador ponto de partida, mas a verdadeira magia acontece quando encontras poemas que parecem teus. Assim os descobres:

- **Procura por Tema ou Emoção**: Experimenta sites como "Poemas del Alma", escreve "calma" ou "cura" e vê o que aparece. É como uma caça ao tesouro para o teu coração.
- **Explora Antologias:** Pega num livro de poemas agrupados por temas que amas — talvez atenção plena ou as maravilhas da natureza — e folheia até algo ressoar.
- **Segue Poetas Online:** Os poetas no Instagram ou Twitter partilham muitas vezes genialidade em pequenas doses. Segue alguns cujas palavras te atraem e vê o teu feed encher-se de inspiração.
- **Visita Eventos de Poesia:** Seja uma leitura local ou um workshop online, ouvir poemas falados em voz alta pode fazê-los ganhar vida de forma nova.
- **Mantém um Diário de Poesia:** Quando uma linha ou poema te impactar, anota-o. Alinhado com o *Pilar de Transformação e Autorrealização,* este diário reflete a tua viagem interior. Com o tempo, terás uma coleção que é um reflexo perfeito de ti.

És o explorador aqui: vai onde a tua curiosidade te levar e deixa que a serenidade te siga. Num mundo dominado pelo ruído digital da IA, estes poemas conectam-te com a tua essência.

Usando a Poesia como Espelho para a Autorreflexão

A poesia não trata apenas do que o poeta quis dizer: trata do que significa para ti. É um espelho que reflete as tuas próprias alegrias, medos e sonhos, ajudando-te a ver-te mais claramente. Tal como um paisagem sonora, o poema envolve-te numa melodia de introspeção. Alinhada com o *Pilar de Sabedoria e Maior Consciência,* esta prática ilumina o teu mundo interior. Assim desbloqueias a sua magia pessoal:

Lê com Abertura: Deixa que o poema te envolva sem pensar demais. O que capta a tua atenção ou puxa pelo teu coração?

Deteta Momentos-Chave: Que linhas ou imagens ficam contigo? Talvez seja uma única palavra carregada de significado.

Conecta com a Tua Vida: O poema lembra-te de algo — uma memória, uma pessoa, uma tarde tranquila? É aí que se torna pessoal.

Sente as Emoções: O que se agita dentro de ti enquanto lês? Alegria? Anseio? Deixa que esses sentimentos guiem os teus pensamentos.

Anota algumas reflexões: Escreve sobre o que o poema traz à tona — é como uma pequena conversa contigo mesmo. Experimenta com este fragmento de "O limoeiro lânguido suspende" de Juan Ramón Jiménez:

O limoeiro lânguido suspende
uma rama pálida poeirenta
sobre o encanto da fonte limpa...

Talvez te transporte para um jardim de infância onde aprendeste a escutar o silêncio, ou talvez te inspire a procurar um canto de natureza onde a tua alma possa descansar. Não há uma forma correta de sentir: apenas a tua verdade, vibrando em cada palavra que ressoa contigo.

Prática Guiada: Refletindo sobre o Significado de um Poema para o Crescimento Pessoal

Vamos juntar tudo com uma pequena prática. Aqui tens um poema curto, "Oda à vida retirada" de Fray Luis de León, para refletires:

Poema "Ode à Solidão" de Abtero de Quental Evoca navegação da alma em serenidade:

Na solidão o alma navega Por mares de paz e silêncio.

Toma um momento tranquilo com ele e depois pergunta-te:

- **O que se destaca?** Talvez seja a imagem da vida simples, um retiro sereno onde a natureza oferece paz.

• **Como te sentes?** Faz-te sentir que a alma descansa num ambiente apazível, longe do bulício, envolvida na suavidade da natureza?

• **Consegues pensar num momento em que sentiste esta calma?**

• **O que poderá isto dizer sobre a busca da paz interior num mundo agitado?**

Pega numa caneta e escreve os teus pensamentos: deixa-os fluir livremente. Tal como escutar um paisagem sonora, esta prática mergulha-te na calma do poema. Alinhada com o *Pilar de Tranquilidade e Paz Interior*, guia-te para a tranquilidade. Esta é a tua oportunidade de ver como a poesia pode iluminar algo novo dentro de ti, guiando-te para a cura e a calma.

Enquanto a poesia oferece uma forma profunda de nos conectarmos com o nosso eu interior, a serenidade também implica harmonizar com o mundo que nos rodeia. No próximo capítulo, mudaremos o foco para a sinfonia de sons que nos cercam, aprendendo a sintonizar com os ruídos quotidianos e a identificar aqueles que nos trazem calma.

Versos da Alma

Uma Viagem Através do Coração da Poesia

A poesia é um vasto e belo paisagem, cheio de formas que evoluiram ao longo de séculos para expressar a experiência humana de maneiras únicas. Cada forma traz o seu próprio ritmo, estrutura e ressonância emocional, oferecendo aos poetas e leitores diferentes caminhos para explorar sentimentos, ideias e histórias. Quer te atraia a elegância estruturada de um soneto ou o salto brincalhão de um limerick, há uma forma que fala a cada coração. Alinhada com o *Pilar de Amor e Afeto,* esta exploração convida-te a conectar com os teus sentimentos através do verso. Nesta narrativa, viajaremos por algumas das formas de poesia mais queridas, descobrindo as suas origens, estilos e as emoções que despertam, tudo de forma cativante e fácil de seguir. Entra e descobre a magia dos versos connosco. Num mundo saturado pelo ruído digital da IA, a poesia oferece um refúgio sereno para a alma.

O Soneto: Uma Dança de Estrutura e Emoção

Imagina um poema de 14 linhas, uma dança coreografada de palavras. É isso o soneto, muitas vezes construídos com um ritmo de dez sílabas que alterna acentos suaves e fortes, como o batimento do coração. Tal como um paisagem sonoro, o seu ritmo ordenado ressoa com a alma. Este poema aparece em duas formas principais: o shakespeariano, com três quadras e um dístico final, e o petrarquiano, dividido numa oitava de abertura e uma sextilha de fecho, cada um com padrões de rima distintos que tecem harmonia.

Os sonetos na poesia em espanhol também exploram os grandes temas: o amor, a beleza, a passagem do tempo ou a inevitabilidade da morte. Cada um constrói o seu caminho até à "volta", aquele giro subtil que transforma o tom ou a perspetiva. No famoso soneto Amor constante mais além da morte de Francisco de Quevedo, o amor atravessa a fronteira da vida:

Contemplei os muros da minha pátria,
outrora fortes, já desmoronados,
cansados da corrida da idade,
pela qual sua valentia já caduca.

O que começa como uma meditação sobre a morte transforma-se em uma afirmação do amor eterno. Sua estrutura, ao mesmo tempo contida e poderosa, sustenta emoções profundas como uma vasilha talhada com precisão. Alinhado ao *Pilar da Calma e Serenidade*, o soneto canaliza sentimentos profundos em uma forma estruturada, despertando amor, melancolia, contemplação e uma serena clareza: ferramentas poéticas para nos acompanhar enquanto navegamos os mistérios da existência.

Haiku: Capturando o Momento Fugaz

Se os haikus são sussurros, os limericks são explosões de riso. Esses poemas de cinco linhas têm um ritmo saltitante e um esquema de rima em que a primeira, a segunda e a quinta linhas rimam entre si, enquanto a terceira e a quarta, mais curtas, compartilham seu próprio som. Como uma paisagem sonoro **brincalhão**, seu ritmo saltitante desperta sorrisos. Geralmente são bobos ou espirituosos, feitos para te fazer sorrir.

Imagina o velhinho barbudo de Vinicius de Moraes descobrindo que há pássaros fazendo ninho na sua barba: absurdo e delicioso! Por exemplo:

Lá vem o gato,
Vem muito assustado,
Vem de bigode em pé,
Vem todo encolhido,
Com o rabo enfiado
Entre as pernas do pé!

Limerick: O Estouro de Riso

Se os haikus são sussurros, os limericks são explosões de riso. Estes poemas de cinco linhas têm um ritmo saltitante e um esquema de rima em que a primeira, a segunda e a quinta rimam, e a terceira e a quarta, mais curtas, partilham o seu próprio som. Tal como um paisagem sonoro brincalhão, o seu ritmo saltitante desperta sorrisos. Geralmente são **engraçadas** ou engenhosos, feitos para te fazer rir.

Alineado com o *Pilar da Abundância e Bênçãos,* o limerick ilumina a alma com risadas, lembrando-nos de nos divertir com as palavras.

Imagina o velho com barba de Edward Lear onde os pássaros faziam ninho: absurdo e delicioso! Por exemplo:

Havia um velho de Belém
que tinha uma barba tão além
os pássaros vinham lá
fazer ninho e cócó
e ele achava aquilo um bem!

Com o seu humor leve, o limerick lembra-nos que a alegria também é cura. Num mundo saturado pelo ruído digital da IA, estas formas poéticas — do sussurro sereno do haiku ao riso contagiante do limerick — oferecem refúgios variados para a alma.

Balada: Narração Através da Canção

As baladas são os contadores de histórias da poesia. Escritas em estrofes de quatro linhas com uma rima simples, tecem histórias de amor, tragédia ou aventura. Vindas das tradições orais, são fáceis de acompanhar e te levam com seu ritmo. Como uma paisagem sonoro narrativa, seu ritmo te envolve na história.

Esta balada, passada de geração em geração, carrega o eco das histórias contadas ao redor da fogueira. Ela não nos entrega todas as respostas, mas sussurra as perguntas mais profundas sobre destino, arte e o preço do conhecimento.

Estando à roda da mesa
cada qual seu conto dizia;
disse o mais velho dos grumetes,
que já muita vez navegara:

— Eu contarei à companhia,
se todos quiserem escutar,
um caso d'arte de marinhagem
que me contou meu falecido pai...
— Nove anos andou perdida
por mares tão longe daqui,
até que deus foi servido
que a Lisboa surgisse ali.

Ode: Uma Celebração em Verso

As odes são as cantoras da poesia. Estes poemas líricos entoam louvores a uma pessoa, a um lugar ou a uma coisa — qualquer coisa que mereça ser celebrada. Podem ser formais ou fluidas, mas sempre elevam o seu objeto com imagens vívidas e emoção profunda. Tal como um paisagem sonoro, o seu ritmo levanta a alma com uma melodia de celebração.

A Ode ao tomate de Pablo Neruda envolve-nos em espanto não com um pássaro ou um deus, mas com algo tão quotidiano como uma fruta que explode de vida na cozinha: o tomate vermelho, firme, estrelado por dentro, que "entra na cozinha / e ocupa o espaço / com a sua presença / de planeta vermelho".

Numa sucessão de imagens sensoriais, Neruda transforma o simples ato de cortar um tomate numa festa de cor, luz e vida. A ode recorda-nos que a maravilha não precisa de ser grandiosa: está na mesa, no prato, na mão que corta. Alinhada com o *Pilar de Alegria e Gratidão*, a ode ensina-nos a celebrar o que já temos, transformando o comum em sagrado com cada verso:

O tomate, astro da terra,
estrela fértil e sem fim...

Alinhada com o *Pilar de Positivismo e Otimismo,* a ode, na tradição hispano-americana, desperta admiração, gratidão e uma profunda conexão com o simples ou o sublime. Convida-nos a celebrar aquilo que amamos — seja o mar, a infância, um objeto ou uma emoção — com voz plena. Ler uma ode é lembrar que o ordinário também pode ser sagrado, e que a maravilha está ao alcance de um olhar atento e de um verso honesto.

Elegia: Um Espaço para o Luto e a Reflexão

Onde as odes celebram, as elegias choram. Estes poemas habitam o território da perda — muitas vezes uma morte — sem estrutura fixa, mas com um tom sereno e sombrio. Tal como um paisagem sonora melancólico, o seu tom envolve a alma num canto tranquilo. São um espaço onde a dor individual se entrelaça com emoções universais, oferecendo consolo através do luto partilhado.

Há momentos em que a dor não cabe dentro do corpo. Ela transborda dos olhos, rasga o peito e exige ser nomeada, medida, transformada em terra, semente e raiz. A "Elegía a Ramón Sijé", escrita por Miguel Hernández em 1936 após a morte súbita de seu amigo de infância e confidente, é mais do que um lamento — é um ato de cultivo no solo devastado da perda.

Aqui, a elegia não se curva ao desespero. Ela se **ergue como uma enxada contra a fatalidade**. É um poema que fala da terra com a crueza de quem a trabalha, e da alma com a ternura de quem perdeu parte de si mesmo. Através de sua linguagem ao mesmo tempo áspera e lírica, Hernández nos ensina que a verdadeira resiliência não é ignorar a dor, mas **assumir o cuidado da ausência** — e fazer do amor um cultivo que vence, até mesmo, os limites da morte.

Não o lutador que limpa o chão
com a força do seu braço,
mas o que, ferido,
ainda amanha a terra com o sangue,
e faz do sulco um leito,
e da semente, promessa de retorno.

Hernández transforma a sua pena num canto de amor eterno, entre a raiva, a ternura e a aceitação. Alinhada com o Pilar de Transformação e Autorrealização, a elegia ajuda-nos a processar o luto com suavidade, guiando-nos com palavras doces pelo caminho difícil do adeus, lembrando-nos que na dor também habita a beleza de ter amado.

Epopeia: A Grande Aventura

As epopeias são o equivalente poético dos grandes filmes épicos: relatos extensos de heróis, façanhas e mitos, muitas vezes tingidos de sobrenatural. Escritas num estilo elevado, refletem a alma, os valores e a memória coletiva de um povo.

Tal como um paisagem sonoro épico, a sua narrativa ressoa com a grandeza do espírito humano.

O Cantar de mio Cid, por exemplo, transporta-nos para a Espanha medieval, onde Rodrigo Díaz de Vivar, o Cid Campeador, cavalga entre honra, destreza e perda, num mundo onde lealdade e destino se entrelaçam.

Alinhada com o *Pilar de Resiliência e Coragem*, a epopeia celebra a força do espírito humano, despertando assombro, emoção e um orgulho profundo. Convida-te a embarcar em viagens maiores do que a própria vida — viagens que atravessam batalhas, exílios e reencontros — e que continuam a ressoar através dos séculos como parte viva da nossa identidade.

Verso Livre: A Liberdade de Fluir

O verso livre é poesia sem amarras: sem rimas fixas nem métrica obrigatória, apenas o fluir natural das palavras tal como nascem. Tal como um paisagem sonoro sem restrições, o seu fluxo livre ressoa com a voz da alma. É como falar com a alma, deixando que os saltos de linha e as imagens construam o sentido.

O que acontece quando um poeta decide saltar de paraquedas não do avião, mas da própria linguagem? *Altazor* (1931) é precisamente esse salto alucinante. Vicente Huidobro, o pai do **Creacionismo**, não pretende descrever o mundo com suas palavras; ele quer criar um **mundo novo com elas**, e para isso, primeiro precisa despedaçar a sintaxe, dissolver a lógica e lançar-se num voo (ou queda) livre pelo abismo do sentido.

Nasce a criança e nasce a palavra
e a palavra nasce do grito
e o grito nasce da dor
e a dor nasce do prazer
e o prazer nasce do esquecimento...

Aqui, o poema não obedece a regras externas; obedece à urgência interior do poeta. O verso livre permite que a emoção dite o ritmo, que o pensamento voe sem grades. Alinhado com o *Pilar de Liberdade e Autenticidade,* este estilo recorda-nos que, às vezes, a verdade mais profunda não cabe em moldes antigos — precisa de espaço para respirar, para gritar, para voar. Num mundo saturado pelo ruído digital da IA, o verso livre é um grito de liberdade humana, um espaço onde a alma fala sem filtros.

Caí da minha estrela
e viajo por este outro céu.

Alinhado com o *Pilar de Fortaleza e Coragem,* o verso livre sente-se cru e honesto, cheio de energia imprevisível ou de silêncios carregados de significado. Permite que as emoções se derramem sem filtros: vulnerável, caótico, revelador. É ideal quando queres que as tuas palavras respirem sem restrições e que o poema se pareça com a tua própria respiração.

Villanella: O Estribilho Hipnótico

As villanellas são como uma melodia que não consegues parar de cantarolar. Com 19 versos, cinco tercetos e um quarteto final, repetem duas linhas-chave ao longo do poema, criando um ritmo envolvente que roça o hipnótico. Tal como um paisagem sonoro repetitivo, o seu ritmo hipnótico envolve o coração.

Embora não seja comum na tradição hispânica, alguns poetas adotaram a sua estrutura para explorar emoções intensas. Por exemplo:

Não deixes que o dia se apague sem luta,
resiste à sombra que cai na tua alma...

Alinhada com o P*ilar de Fortaleza e Coragem,* a villanella ressoa com os ecos do coração, despertando anseio, obsessão ou uma necessidade urgente. Os seus ecos carregam cada palavra de emoção, como um sussurro insistente que se torna clamor. São perfeitas quando o coração quer repetir o que ainda não está pronto para soltar.

Décima: O Xadrez Métrico Hispânico

As décimas são o xadrez métrico do mundo hispânico. Dez versos octossílabos com rima precisa (abbaaccddc) transformam-se no palco de trovadores, camponeses e poetas. Tal como um paisagem sonoro rítmico, a décima entrelaça melodia e narrativa. Nascidas no Século de Ouro e ainda vivas nas improvisações do Caribe e da América do Sul, cada décima é uma joia de equilíbrio entre razão e sentimento.

Em Hombres necios que acusáis de Sor Juana Inés de la Cruz, a poeta joga com a forma como quem dialoga com Deus e com a lógica. Mas também nos campos cubanos um guajiro improvisa décimas ao som do tres, tecendo histórias de amores perdidos e colheitas falhadas. Alinhada com o *Pilar de Cura e Equilíbrio,* a décima une tradição e expressão pessoal. A forma não prende: liberta. Cada estrofe é um duelo entre a memória e o instante, entre a tradição e a faísca do presente.

Romance: A Poesia do Anseio

Com raízes na lírica popular e na herança oral ibérica, os romances são baladas narrativas de versos octossílabos com rima assonante nos pares. A sua estrutura fluida e repetitiva torna-os veículos da memória coletiva: histórias de amor, guerra, mistério ou perda. Tal como um paisagem sonoro narrativo, a sua cadência evoca ecos do passado.

Os romances do Romancero viejo cantam façanhas e duelos, mas também sussurram segredos da alma. Por exemplo:

Pela margem do rio,
canta a dama o seu luto...

Na América Latina, a tradição ganhou novas formas: nos llanos, os copleros improvisam romances para contar paixões cortadas ou encontros com o sagrado. Alinhado com o Pilar de Amor e Afeto, o romance tece histórias que ressoam com o coração. O ritmo cadencioso e a repetição de sons fazem do romance um eco: do que se foi, do que ainda dói, do que se canta para não esquecer.

Pantoum: O Eco da Memória

Os pantoums repetem-se como ecos. Em estrofes de quatro linhas, a segunda e a quarta tornam-se a primeira e a terceira da estrofe seguinte, atando tudo num círculo. Tal como um paisagem sonoro cíclico, a sua repetição envolve a mente num eco meditativo.

Por exemplo:

A noite cai devagar sobre o mar
o vento traz o teu nome sem querer
e o meu coração volta a lembrar
o vento traz o teu nome sem querer...

A memória gira, regressa, insiste. Alinhado com o *Pilar de Aceitação e Cicatrização,* o pantoum é perfeito para quem precisa revisitar o que dói ou o que se ama — porque repetir, aqui, não é redundância: é ritual, é cura, é deixar que o tempo faça o seu trabalho enquanto as palavras dançam em círculo. Poetas como **Cecília Meireles** ou **Florbela Espanca**, que trabalham com temas de noite, saudade, dor e ressonância emocional.

A noite alivia a pena,
mas fica o eco na alma.

Esta repetição cria um ritmo reflexivo, quase encantado: nostalgia ou obsessão a borbulhar. Alinhado com o *Pilar de Sabedoria e Maior Consciência*, o pantoum captura os ecos do passado, como revisitar memórias que ainda não nos largam.

Acróstico: A Mensagem Oculta

Os acrósticos são os jogos inteligentes da poesia. As primeiras letras de cada linha soletram uma palavra ou frase, escondendo um segredo à vista de todos.

Despertam curiosidade e deleite, revelando um toque íntimo ou surpreendente. É uma forma **brincalhão** de dizer mais do que se vê.

Poesia Visual: Quando o Verso DesenhaA poesia é um vasto e belo **paisagem sonora**, cheio de formas que **evoluíram** ao longo de séculos para expressar a experiência humana de maneiras únicas. Cada forma traz o seu próprio ritmo, estrutura e ressonância emocional, oferecendo aos poetas e leitores diferentes caminhos para explorar sentimentos, ideias e histórias. Quer te atraia a elegância estruturada de um soneto ou o salto **brincalhão** de um limerick, há uma forma que fala a cada coração. Alinhada com o Pilar de Amor e Afeto, esta exploração convida-te a conectar com os teus sentimentos através do verso. Nesta narrativa, viajaremos por algumas das formas de poesia mais queridas, descobrindo as suas origens, estilos e as emoções que despertam, tudo de forma cativante e fácil de seguir. Entra e descobre a magia dos versos connosco. Num mundo saturado pelo ruído digital da IA, a poesia oferece um refúgio sereno para a alma.

O Soneto: Uma Dança de Estrutura e Emoção

Imagina um poema de 14 linhas, uma dança coreografada de palavras. É isso o soneto, muitas vezes **construído** com um ritmo de dez sílabas que alterna acentos suaves e fortes, como o batimento do coração. Tal como **uma paisagem sonora**, o seu ritmo ordenado ressoa com a alma. Este poema aparece em duas formas principais: o **shakespeariano**, com três quadras e um dístico final, e o **petrarquiano**, tradicionalmente dividido em dois quartetos e dois tercetos, cada um com padrões de rima distintos que tecem harmonia.

Os sonetos na poesia em espanhol também exploram os grandes temas: o amor, a beleza, a passagem do tempo ou a inevitabilidade da morte. Cada um constrói o seu caminho até à "volta", aquele giro subtil que transforma o tom ou a perspetiva. No famoso soneto **"Miré los muros de la patria mía"** de Francisco de Quevedo, o poeta medita sobre a decadência:

Contemplei os muros da minha pátria,
outrora fortes, já desmoronados,
cansados da corrida da idade,
pela qual sua valentia já caduca.

O que começa como uma meditação sobre a ruína transforma-se numa reflexão profunda sobre a mortalidade. A sua estrutura, ao mesmo tempo contida e poderosa, sustenta emoções profundas como um **vaso** talhado com precisão. Alinhado com o Pilar da Calma e Serenidade, o soneto canaliza sentimentos profundos numa forma estruturada, despertando amor, melancolia, contemplação e uma serena clareza: ferramentas poéticas para nos acompanhar enquanto navegamos os mistérios da existência.

Haiku: Capturando o Momento Fugaz

Originário do Japão, o haiku é um poema breve de três versos (5-7-5 sílabas) que captura um instante da natureza, um *aha!* de perceção. Tal como um **paisagem sonora** minimalista, o seu silêncio ressoa. É um suspiro poético que convida à presença total no agora.

Limerick: O Estouro de Riso

Se os haikus são sussurros, os limericks são explosões de riso. Estes poemas de cinco linhas têm um ritmo saltitante e um esquema de rima em que a primeira, a segunda e a quinta rimam, e a terceira e a quarta, mais curtas, partilham o seu próprio som. Tal como **uma paisagem sonora**brincalhona, o seu ritmo saltitante desperta sorrisos. Geralmente são **engraçados** ou engenhosos, feitos para te fazer rir.

Imagina o velho com barba de Edward Lear onde os pássaros faziam ninho: absurdo e delicioso! Por exemplo:

Havia um velho de Belém
que tinha uma barba tão além
os pássaros vinham lá
fazer ninho e cócó
e ele achava aquilo um bem!

Com o seu humor leve, o limerick lembra-nos que a alegria também é cura. Alinhado com o Pilar da Abundância e Bênçãos, ilumina a alma com risadas, lembrando-nos de nos divertir com as palavras.

Balada: Narração Através da Canção

As baladas são os contadores de histórias da poesia. Escritas em estrofes de quatro linhas com uma rima simples, tecem histórias de amor, tragédia ou aventura. Vindas das tradições orais, são fáceis de acompanhar e te levam com seu ritmo. Como **uma paisagem sonora** narrativa, o seu ritmo envolve-te na história.

Esta balada, passada de geração em geração, carrega o eco das histórias contadas ao redor da fogueira. Ela não nos entrega todas as respostas, mas sussurra as perguntas mais profundas sobre destino, arte e o preço do conhecimento.

Estando à roda da mesa
cada qual seu conto dizia;
disse o mais velho dos grumetes,
que já muita vez navegara:
— Eu contarei à companhia,
se todos quiserem escutar,
um caso d'arte de marinhagem
que me contou meu falecido pai...
— Nove anos andou perdida
por mares tão longe daqui,
até que deus foi servido
que a Lisboa surgisse ali.

Ode: Uma Celebração em Verso

As odes são as cantoras da poesia. Estes poemas líricos entoam louvores a uma pessoa, a um lugar ou a uma coisa — qualquer coisa que mereça ser celebrada. Podem ser formais ou fluidas, mas sempre elevam o seu objeto com imagens vívidas e emoção profunda. Tal como **uma paisagem sonora**, o seu ritmo levanta a alma com uma melodia de celebração.

A *Ode ao Tomate* de Pablo Neruda envolve-nos em espanto não com um pássaro ou um deus, mas com algo tão quotidiano como uma fruta que explode de vida na cozinha. Numa sucessão de imagens sensoriais, Neruda transforma o simples ato de cortar um tomate numa festa de cor, luz e vida. A ode recorda-nos que a maravilha não precisa de ser grandiosa. Alinhada com o Pilar de Alegria e Gratidão, a ode ensina-nos a celebrar o que já temos, transformando o comum em sagrado com cada verso:

O tomate, astro da terra,
estrela fértil e sem fim...

Elegia: Um Espaço para o Luto e a Reflexão

Onde as odes celebram, as elegias choram. Estes poemas habitam o território da perda — muitas vezes uma morte — sem estrutura fixa, mas com um tom sereno e sombrio. Tal como **uma paisagem sonora** melancólica, o seu tom envolve a alma num canto tranquilo. São um espaço onde a dor individual se entrelaça com emoções universais, oferecendo consolo através do luto partilhado.

A *"Elegía a Ramón Sijé"*, escrita por Miguel Hernández, é mais do que um lamento — é um ato de cultivo no solo devastado da perda. Através de sua linguagem ao mesmo tempo áspera e lírica, Hernández ensina que a verdadeira resiliência é assumir o cuidado da ausência. Alinhada com o Pilar de Transformação e Autorrealização, a elegia ajuda-nos a processar o luto, lembrando-nos que na dor também habita a beleza de ter amado.

Epopeia: A Grande Aventura

As epopeias são o equivalente poético dos grandes filmes épicos: relatos extensos de heróis, façanhas e mitos, muitas vezes tingidos de sobrenatural. Escritas num estilo elevado, refletem a alma, os valores e a memória coletiva de um povo. Tal como **uma paisagem sonora** épica, a sua narrativa ressoa com a grandeza do espírito humano.

O *Cantar de mio Cid*, por exemplo, transporta-nos para a Espanha medieval, onde Rodrigo Díaz de Vivar, o Cid Campeador, cavalga entre honra, destreza e perda. Alinhada com o Pilar de Resiliência e Coragem, a epopeia celebra a força do espírito humano, despertando assombro e um orgulho profundo.

Verso Livre: A Liberdade de Fluir

O verso livre é poesia sem amarras: sem rimas fixas nem métrica obrigatória, apenas o fluir natural das palavras tal como nascem. Tal como **uma paisagem sonora** sem restrições, o seu fluxo livre ressoa com a voz da alma. Vicente Huidobro, no seu poema *Altazor*, lança-se num voo (ou queda) livre pelo abismo do sentido:

Nasce a criança e nasce a palavra
e a palavra nasce do grito
e o grito nasce da dor
e a dor nasce do prazer
e o prazer nasce do esquecimento...

Aqui, o poema obedece apenas à urgência interior do poeta. Alinhado com o Pilar de Liberdade e Autenticidade, o verso livre recorda-nos que a verdade mais profunda precisa de espaço para respirar.

Villanella: O Estribilho Hipnótico

As villanellas são como uma melodia que não consegues parar de cantarolar. Com 19 versos, cinco tercetos e um quarteto final, repetem duas linhas-chave ao longo do poema, criando um ritmo envolvente que roça o hipnótico. Tal como **uma paisagem sonora** repetitiva, o seu ritmo envolve o coração. Alinhada com o Pilar de Fortaleza e Coragem, a villanella ressoa com os ecos do coração, despertando anseio ou uma necessidade urgente.

Décima: O Xadrez Métrico Hispânico

As décimas são o xadrez métrico do mundo hispânico. Dez versos octossílabos com rima precisa (abbaaccddc) transformam-se no palco de trovadores e poetas. Tal como **uma paisagem sonora**rítmica, a décima entrelaça melodia e narrativa. Alinhada com o Pilar de Cura e Equilíbrio, a décima une tradição e expressão pessoal.

Romance: A Poesia do Anseio

Com raízes na lírica popular ibérica, os romances são baladas narrativas de versos octossílabos com rima assonante nos pares. A sua estrutura fluida e repetitiva torna-os veículos da memória coletiva. Tal como **uma paisagem sonora** narrativa, a sua cadência evoca ecos do passado. Alinhado com o Pilar de Amor e Afeto, o romance tece histórias que ressoam com o coração.

Pantoum: O Eco da Memória

Os pantoums repetem-se como ecos. Em estrofes de quatro linhas, a segunda e a quarta tornam-se a primeira e a terceira da estrofe seguinte, atando tudo num círculo. Tal como **uma paisagem sonora** cíclica, a sua repetição envolve a mente num eco meditativo. Alinhado com o Pilar de Aceitação e Cicatrização, o pantoum é perfeito para revisitar o que dói ou o que se ama.

Acróstico: A Mensagem Oculta

Os acrósticos são os jogos inteligentes da poesia. As primeiras letras de cada linha soletram uma palavra ou frase, escondendo um segredo à vista de todos. É uma forma **brincalhona** de dizer mais do que se vê.

Poesia Visual: Quando o Verso Desenha

A poesia visual transforma as palavras em figuras. Não se lê apenas: observa-se. Dispostas em espiral, cruz ou silhueta, as letras revelam sentidos ocultos. Tal como **uma paisagem sonora** visual, cria uma sinfonia de formas e significados. Alinhada com o Pilar de Transformação e Autorrealização, transforma a linguagem em arte.

Palavra Falada: O Poder da Performance

A palavra falada salta da página. Construída para a atuação, floresce no ritmo e na voz. Tal como **uma paisagem sonora** vibrante, o seu ritmo ressoa na voz e no coração. Alinhada com o Pilar de Fortaleza e Coragem, dá voz às emoções mais profundas.

Agora, a Tua Vez de Explorar

A poesia não é só para ler: é para viver. Experimenta um haiku sobre a chuva ou um limerick para fazer alguém rir. Deixa que uma villanella leve o estribilho do teu coração ou que um pantoum revisite uma memória. Tal como compor **uma paisagem sonora**, cada verso tece uma melodia única. Cada forma é uma porta para a tua voz. Alinhada com o Pilar de Amor e Afeto, esta prática convida-te a dar voz à tua alma. Por isso, pega numa caneta, deixa que as tuas palavras dancem e vê para onde esta **belíssima arte** te leva. Num mundo saturado pelo ruído digital da IA, a poesia oferece-te um espaço para te reencontrares com a tua voz interior.

Fim da Parte III

Parte IV

Tecendo Versos e Melodias

«A melodia é o encanto da música, e é o mais difícil de criar. A invenção de uma boa melodia é obra do gênio.»

– Joseph Haydn

Preludio a la Parte IV

Tecendo Versos e Melodias

Quando as palavras e as ondas, a poesia e o som, se encontram, criam uma harmonia capaz de abalar o coração e acalmar a mente. Neste livro, convidamos-te a explorar a bela fusão entre estas formas de arte, descobrindo como podem enriquecer o teu caminho rumo à serenidade. Quer sejas poeta, praticante de mindfulness ou simplesmente curioso, os próximos capítulos — começando com A Sinergia da Poesia e do Paisagem Melódico — guiar-te-ão por técnicas para emparelhar poesia com paisagens sonoras. Por exemplo, recitar um haiku sobre a chuva com o suave murmúrio de um riacho ao fundo pode transportar-te para um estado de calma profunda. Estas práticas geram experiências imersivas que envolvem tanto a mente como os sentidos, seja ouvindo um poema lido em voz alta sobre um fundo de música suave, seja criando as tuas próprias peças de palavra falada. Alinhada com o *Pilar de Tranquilidade e Paz Interior,* esta combinação pode ser um catalisador poderoso para a profundidade emocional e a calma interior. Num mundo saturado pelo ruído digital da IA, esta união entre poesia e som oferece um refúgio para a alma.

A Sinergia da Poesia e da Paisagem Melódica

Imagina ler um poema sobre o oceano enquanto ouves as ondas a quebrar na praia: as palavras e os sons misturam-se sem esforço e transportam-te para uma costa tranquila. Esta é a fusão da poesia e do som, um emparelhamento que amplifica o impacto emocional de ambos. Neste capítulo, vamos explorar como o som aprofunda a ressonância da poesia e como as imagens de um poema podem dar vida vívida aos sons ambientais. Aprenderás técnicas práticas — como juntar um poema de natureza ao canto dos pássaros — para combinar poemas com paisagens sonoras, seja para reflexão pessoal ou expressão criativa. Por exemplo, recitar Canto ao mar de Neruda com o rumor das ondas pode mergulhar-te numa calma profunda. Também te guiaremos, passo a passo, na criação das tuas próprias experiências de verso e som, para que cries momentos de clareza tranquila. Alinhada com o *Pilar de Tranquilidade e Paz Interior,* esta prática combina verso e som para cultivar calma e conexão. Ao virar estas páginas, descobrirás como estas ferramentas entrelaçadas se tornam um refúgio para o teu espírito. Num mundo saturado pelo ruído digital da IA, esta fusão de verso e som oferece um refúgio sereno para a alma.

Como o Som Aprofunda a Profundidade Emocional da Poesia

Alguma vez reparaste como um poema pode despertar uma alegria silenciosa, uma pontada de nostalgia ou um suave sentimento de maravilha? Agora acrescenta som a essa experiência. De repente, essas emoções saltam da página, vivas e intensas. Emparelha um poema sobre uma noite tempestuosa com o som da chuva a bater na janela ou trovões ao longe e é como se estivesses no meio da tormenta, a sua energia a girar à tua volta. Ou imagina um poema sobre um prado pacífico, entrelaçado com o canto suave dos pássaros e uma brisa a sussurrar pela erva: estás lá, descansando nesse lugar sereno, respirando a sua calma. Por exemplo, ler os versos de Invierno de Octavio Paz com o crepitar da neve sob os passos cria uma atmosfera de introspeção.

Esta magia acontece porque o som envolve mais sentidos, puxando-te mais fundo para o mundo do poema. É como acrescentar azuis e verdes vibrantes a um esboço a lápis, pintando o paisagem emocional com tons mais ricos. Alinhado com o *Pilar de Calma e Serenidade,* este emparelhamento intensifica os sentimentos evocados pela poesia. Ao envolver-te num abraço sensorial, o som ajuda a silenciar o tagarelar da mente, guiando-te para a tranquilidade. Enquanto escutas, podes deslizar para um estado sereno e meditativo, totalmente presente, com o stress do dia a dia a desvanecer-se. Em contraste com o ruído digital da IA, esta prática mergulha-te num espaço de calma e presença. Esse é o presente de misturar verso e som: aprofunda a tua ligação à poesia e acolhe a paz na tua vida. Experimenta ler um poema curto em voz alta com sons suaves da natureza ao fundo e sente como esta calma se desdobra.

Ritmo e Ressonância

Onde a Paisagem Melódica Encontra o Verso

Debaixo de cada poema e cada melodia correm o ritmo e a ressonância: forças invisíveis que entrelaçam som e verso, incendiando o coração enquanto acalmam a mente. Alinhada com o Pilar de Tranquilidade e Paz Interior, esta exploração revela como estes elementos a dançar juntos, criando uma harmonia intemporal que convida à paz e à reflexão. Num mundo saturado pelo ruído digital da IA, esta harmonia oferece um refúgio para a alma.

Os Fios Invisíveis do Som e do Verso

O Ritmo: o Coração do coração

O ritmo é o batimento cardíaco tanto do som como da poesia, oferecendo uma sensação de ordem que nos ancora no momento presente. No som, surge como padrões de pulsos: o tempo de uma peça musical, o romper repetitivo das ondas ou o canto staccato de um pássaro. Estes ritmos moldam as nossas emoções: um ritmo lento e constante acalma, um ritmo rápido e irregular pode energizar ou inquietar.

Na poesia, o ritmo aparece através da métrica, do andamento e da disposição das palavras. Formas tradicionais como o soneto usam padrões estruturados (por exemplo, o pentâmetro iâmbico, com dez sílabas alternando acentos suaves e fortes) para criar um fluxo musical. Mesmo no verso livre, os poetas geram ritmo com saltos de linha e escolha de palavras, imitando a subida e descida natural da respiração ou do pensamento. É este pulso que dá vida à poesia e nos convida a entrar no seu mundo.

Quando os ritmos do som e da poesia se encontram, o impacto torna-se mais profundo. Imagina um haiku, com a sua estrutura concisa de 5-7-5 sílabas, acompanhado pelo suave e ritmado chapinhar das ondas. O compasso constante da água completa a brevidade meditativa do haiku, criando uma experiência unificada, ao mesmo tempo calmante e completa. Alinhado com o Pilar de Tranquilidade e Paz Interior, o ritmo guia a mente para um estado de serenidade. Em contraste com o caos digital da IA, esta harmonia rítmica é um refúgio sereno.

A Resonância: o eco que permanece

A ressonância é aquilo que faz o som e a poesia continuarem a vibrar dentro de nós muito depois de o instante ter passado. No som, é a plenitude de uma nota que reverbera: o tom profundo de um gongo ou o eco que se desvanece num canyon. Estas vibrações criam uma ligação física e emocional que pode sentir-se tanto como âncora como transcendência.

Na poesia, a ressonância é o impacto duradouro de uma linha ou imagem: a forma como "Cerrar podrá mis ojos la postrera" de Quevedo fica na mente, desdobrando-se com o tempo. Esse eco vem de imagens fortes, jogos de palavras ou recursos sonoros como aliteração e assonância, que criam uma vibração auditiva que reflete a profundidade do poema.

Quando a ressonância do som encontra a ressonância da poesia, o efeito é transformador. Imagina ler um poema sobre o silêncio enquanto um cuenco tibetano zumba suavemente ao teu lado. O tom prolongado do cuenco perdura no ar, tal como as palavras perduram nos teus pensamentos, ampliando o poder um do outro. Alinhada com o Pilar de Calma e Serenidade, a ressonância aprofunda os sentimentos evocados pelo verso e pelo som, levando-te a um estado meditativo onde as fronteiras se desfazem e só resta serenidade.

Aproveitando o Ritmo e a Resonância para a Serenidade

Ritmo e ressonância não são apenas conceitos para admirar: são ferramentas que podes usar para cultivar a calma. Aqui tens formas práticas de os unir:

- **Escuta enquanto escreves**: reproduz sons rítmicos (metrónomo, tambores suaves, ondas constantes) enquanto compões poesia. Para iniciantes, escolhe sons subtis. Deixa que o ritmo guie as tuas palavras, criando um fluxo calmante. Experimenta escrever um haiku ao som de chuva suave.
- **Emparelha som e verso:** escolhe sons de fundo que reflitam o ritmo ou o estado de espírito do poema. Um poema lento e reflexivo com chuva, por exemplo, intensifica a tranquilidade.
- **Cria um espaço resonante:** usa campainhas, cuencos tibetanos ou gravações da natureza para estabelecer o ambiente antes de ler ou escrever. As vibrações persistentes geram paz e aprofundam a ligação com as palavras.
- **Imita os ritmos da natureza:** escreve poemas inspirados em ritmos naturais calmantes (fluxo e refluxo das marés, batimento do coração). Acompanha com o som do oceano para evocar serenidade.

Hoje, ferramentas digitais podem gerar paisagens sonoras personalizadas que casem perfeitamente com o ritmo dos teus poemas favoritos. Cria um ritual simples: todas as manhãs: lê um poema curto em voz alta com alguns minutos de sons calmantes. Deixa que o ritmo e a ressonância te envolvam e definam um tom pacífico para o dia.

Caminhos para a Paz através do Ritmo e da Resonância

Estas forças são mais do que técnicas artísticas: são caminhos para a paz interior. Ao explorar como conectam som e poesia, podes desbloquear o seu potencial para acalmar e centrar o teu espírito. Seja o batimento constante de uma onda, o zumbido prolongado de uma campainha ou o poder silencioso de uma linha poética, estes elementos são pontes para a tranquilidade. Alinhados com o *Pilar de Tranquilidade e Paz Interior,* guiam-te para a serenidade. Num mundo saturado pelo ruído digital da IA, ritmo e ressonância são um refúgio para a calma. Ao avançares neste livro, leva contigo esta certeza: cada batida e cada eco contêm a promessa de serenidade, tua para descobrir e abraçar.

O Poder do Silêncio na Poesia e no Som.

As Pausas que Expressam e Curam

O silêncio possui um poder subtil na poesia e no som, criando espaço onde o significado e a emoção se aprofundam. Longe de ser vazio, funciona como uma força viva que amplifica a ressonância de cada palavra e de cada nota que se segue. Alinhado com o *Pilar de Tranquilidade e Paz Interior,* o silêncio convida à calma e à reflexão. Num mundo saturado pelo ruído digital da IA, o silêncio oferece um refúgio para a alma.

O Papel do Silêncio

Silêncio na Música

Na música, o silêncio é o espaço entre notas que lhes dá contorno e permite ao ouvinte absorver a melodia. Sem essas pausas, a música tornar-se-ia uma corrente contínua de som, perdendo o matiz emocional que a faz ressoar. Alinhado com o Pilar de Sabedoria e Maior Consciência, o silêncio amplifica o impacto emocional. Cumpre vários papéis essenciais:

Constrói tensão e expectativa: uma pausa bem colocada aumenta o drama, criando antecipação antes da próxima nota ou frase.

Enfatiza momentos-chave: o regresso do som após o silêncio torna-se mais poderoso, como uma respiração que dá espaço à composição.

Aprofunda a emoção: esses instantes quietos permitem sentir o peso da música.

Por exemplo, em Claro de Lua de Debussy, as pausas entre notas intensificam a melancolia, fazendo com que o regresso do som seja ainda mais impactante. Num mundo cheio de ruído digital da IA, essas pausas são um respiro para a mente.

Silêncio na Poesia

Na poesia, o silêncio está inscrito na própria estrutura: saltos de linha, quebras de estrofe ou o espaço branco na página. Estas pausas servem múltiplos propósitos:

- **Convidam à reflexão:** dão tempo ao leitor para se demorar e absorver a profundidade emocional.
- **Criando ritmo:** tal como na música, estabelecem uma cadência que guia o fluxo.
- **Enfatizam ideias:** um salto repentino destaca uma palavra ou imagem, fazendo-a ressoar mais fundo.

Por exemplo, no "Não digas nada" de Fernando Pessoa, evoca o gosto pelo silêncio na presença amada, com um tom melancólico.

Aqui está um excerto:

Não digas nada! Nem mesmo a verdade.
Há tanta suavidade em nada se dizer E tudo se entender—
Tudo metade De sentir e de ver...
Não digas nada. Deixa-te amar assim.

Alinhado com o *Pilar de Calma e Serenidade*, o silêncio poético convida à contemplação e, em contraste com o ruído digital, cria um espaço sagrado onde o peso do poema se instala.

Usar o Silêncio para a Serenidade

Podes aproveitar o silêncio para aprofundar as tuas experiências de poesia e som. Aqui tens práticas simples, alinhadas com o Pilar de Tranquilidade e Paz Interior:

Faz pausas ao ler: ao recitares um poema em voz alta, demora-te nos saltos de linha ou entre estrofes. Experimenta com "Silêncio" de António Ramos Rosa, Captura a essência do silêncio como um elemento poético profundo e reflexivo:

Quero a fome de calar-me. O silêncio.
Único recado que repito
para que nunca me esqueça.
Pedra que trago no bolso
para me sentar no banquete.
A única glória:
o silêncio escrito.
No silêncio escrito
a palavra é uma estrela
que se apaga no espaço do silêncio.
O silêncio é o espaço da palavra.
A palavra é o silêncio do silêncio.

Inclui silêncios no fundo sonoro: emparelha o poema com paisagens que tenham pausas naturais (vento, riacho intermitente) para refletir o ritmo do texto.

Cria um ritual de silêncio: antes de ler ou escrever, dedica um minuto ao silêncio absoluto para centrar a mente e permitir que as palavras e sons seguintes ressoem com mais clareza.

Num mundo saturado pelo ruído digital da IA, estas práticas devolvem-te a calma através do vazio intencional.

O Poder Partilhado do Silêncio

Tanto na música como na poesia, o silêncio está longe de ser ausência: é um elemento vital e ativo. Molda o fluxo, acrescenta peso emocional e convida à contemplação. Seja a pausa entre notas que realça uma melodia ou o espaço na página que deixa o poema respirar, o silêncio concede às palavras e aos sons o seu pleno poder expressivo. Ler "Silêncio" de António Ramos Rosa, com pausas acompanhadas pelo eco de um cuenco tibetano cria um instante de serenidade profunda. Alinhado com o *Pilar de Tranquilidade e Paz Interior,* o silêncio transforma a experiência artística num caminho para a calma. Num mundo cheio de ruído digital da IA, oferece um espaço de reflexão profunda. É nesses momentos quietos que o significado floresce, tornando o silêncio uma parte indispensável da arte — e da paz que ela pode trazer.

Criando Palavras e Melodias

Arte em Ação: Escrever e Compor a Partir da Serenidade

O suave tamborilar da chuva ou o murmúrio de um riacho podem despertar inspiração, guiando-nos a tecer palavras e sons em algo significativo. Alinhados com o *Pilar de Transformação e Autorrealização,* estes exercícios convidam-te a fundir verso e som para cultivar calma. Nesta secção, vamos explorar exercícios práticos que misturam som e verso — como escrever um haiku inspirado no ritmo da chuva — ajudando-te a criar as tuas próprias melodias de calma e criatividade. Num mundo saturado pelo ruído digital da IA, estes exercícios oferecem um refúgio para a inspiração e a serenidade.

Exercícios Práticos de Som e Verso

A Chuva como Inspiração

Alguma vez ouviste a chuva e sentiste uma paz que te envolve? Enquanto as gotas batem suavemente na janela, criando um ritmo sereno, este exercício convida-te a mergulhar num instante de calma. O som constante das gotas torna-se mais do que mero fundo: é um apelo para explorares a arte de escrever. Alinhado com o Pilar de Tranquilidade e Paz Interior, este exercício mergulha-te num espaço de calma e criatividade. Deixa que este pano de fundo sereno te inspire a criar palavras que fluam e ondulem, fazendo eco das melodias sonoras que te rodeiam.

Por exemplo: escreve um haiku de 5-7-5 sílabas inspirado no ritmo da chuva, usando palavras que evoquem a sua suavidade — “pingo”, 'sussurro', 'cortina', 'lágrima'...

Em contraste com o ruído digital da IA, o som da chuva conecta-te com um espaço de calma genuína. Ferramentas de IA podem gerar paisagens sonoras de chuva para acompanhar a tua escrita, aprofundando ainda mais a experiência.

Por exemplo, o poema “Chuva” de García Lorca:

A chuva tem um som de seda
que cai sobre o meu coração
como dedos de criança
sobre um piano de cristal...

Deixa que a chuva continue a cair enquanto escreves o teu próprio haiku ou pequeno poema. Quando terminares, lê-o em voz alta com o som ainda ao fundo — verás como as palavras e a chuva se tornam uma só melodia de paz.

Guia Passo a Passo: Cria o Teu Próprio Emparelhamento de Poesia e Paisagem Sonora

1. **Encontra ou escreve um poema**: Escolhe um poema que adores (por exemplo, o "Não digas nada" de Fernando Pessoa. ou escreve um teu sobre um instante de calma ou um lugar que guardas no coração: um pôr do sol na praia, um bosque silencioso, a tua janela numa tarde de chuva.

2. **Sintoniza com a sua essência:** Pergunta-te: que sentimento ou imagens predominam? Anota duas ou três palavras-chave (por exemplo: “suavidade”, “saudade”, “luz dourada”) que te guiarão na escolha do som.

3. **Escolhe os teus sons:** Procura uma paisagem sonora que dialogue com

o poema:

- ondas do mar para poemas costeiros
- guitarra suave ou piano lento para poemas ternura
- canto de pássaros ou vento para cenas de natureza

Se o som parecer demasiado forte, baixa o volume ou escolhe uma pista mais simples. Ferramentas de IA podem gerar paisagens personalizadas (mar, floresta, lareira) em segundos.

4. **Experimenta e grava:** Lê o poema em voz alta com o som ao fundo. Ajusta o teu tom e ritmo até parecer que a tua voz e o som estão a conversar. Grava com o telemóvel — não precisa de ser perfeito.
5. **Escuta, sente e partilha (se quiseres):** Ouve a tua criação. Fechou os olhos e sentiste serenidade? Se sim, já está. Se quiseres, partilha com alguém especial.

Alinhada com o *Pilar de Foco e Clareza Mental*, esta prática funde verso e som para cultivar calma. Num mundo cheio de ruído digital, é o teu pequeno refúgio portátil de paz.

Dicas para Emparelhar com Mais Profundidade

Inclina-te nas imagens: Se o poema pinta um cenário (ondas a lamber a areia, folhas a cair), escolhe sons que sejam eco desse cenário. Em Canto ao mar de Neruda, o som real do oceano faz as palavras ganharem corpo. Alinhado com o Pilar de Positivismo e Otimismo, este truque torna o poema quase táctil.

Combina com o estado de espírito: Um poema triste pode casar com chuva ou violoncelo grave; um poema alegre dança com canto de pássaros ou guitarra animada. Ferramentas de IA podem gerar exatamente o tom emocional que precisas.

Brinca com o ritmo: Poema rápido e vivo → tambor suave ou pulso leve. Poema lento e meditativo → riacho, respiração do mar ou notas longas de piano.

Exemplo: o ritmo firme de Amor constante más allá de la muerte de Quevedo pede um tambor subtil ao fundo.

Mantém o equilíbrio: O som deve abraçar a voz, nunca sufocá-la. Ao ler "Silêncio" de António Ramos Rosa com vento ao fundo, mantém o volume baixo para que cada palavra respire.

Não tenhas medo do silêncio. Uma pausa intencional no som (após "Gosto de ti quando calas...") pode ser mais poderosa do que qualquer nota. Alinhado com o Pilar de Calma e Serenidade, o silêncio amplifica tudo o que vem depois.

Criar as Tuas Próprias Palavras e Melodias

Aquí tienes la traducción al portugués de Brasil, con un tono cálido, fluido y cercano al original:

Não é preciso ser um poeta consagrado nem um designer de som para criar suas próprias palavras e ondas: isso é sobre você e o que te traz paz. Alinhada com o *Pilar da Tranquilidade e Paz Interior,* essa prática te conectiona com a calma. Aqui vai uma forma fácil de começar:

Feche os olhos e pense em um lugar onde você se sente à vontade: talvez uma praia ao entardecer, um parque silencioso ou a sua poltrona favorita e aconchegante. Escreva algumas linhas sobre isso. O que você vê? O que ouve? Como se sente? Não se preocupe com a perfeição; apenas deixe as palavras fluírem. Por exemplo: "Pôr do sol na praia, / as ondas sussurram segredos, / acalmam minha alma."

Depois, procure uma paisagem sonora que te leve de volta até lá. Você encontra sons da natureza gratuitos ou faixas ambientais na internet — vento, fogo crepitante — ou pode até gravar os seus com o celular. Ferramentas de IA conseguem gerar sons de ondas, vento ou chuva para acompanhar o seu poema. Junte o poema com esse som, lendo-o em voz baixa enquanto ele toca. Como é ouvir os dois juntos? Desperta aquela mesma sensação de calma?

Este é o seu playground. Experimente poemas diferentes, ajuste os sons e veja o que ressoa. Cada criação é um passo em direção à serenidade, um pequeno presente que você se dá ao entrelaçar palavras e ondas.

Não se trata de perfeição: se trata de descoberta. Cada pareamento que você cria é um traço no seu próprio retrato de paz. Ao avançarmos para o próximo capítulo, aprenderemos a reconhecer quando precisamos realinhar nossas práticas, usando a poesia e o som como ferramentas de resiliência.

Guia Passo a Passo: Crie Seu Próprio Pareamento de Poesia e Paisagem Sonora

Está se sentindo inspirado? Aqui vai um guia claro e amigo para criar o seu próprio pareamento de poesia e paisagem sonora:

1. **Encontre ou escreva um poema:** Pegue um poema que você ama ou escreva um você mesmo. Se for escrever, escolha algo pessoal: talvez um momento de calma, um lugar que você adora ou uma emoção que está explorando.

2. **Sintonize com a essência dele:** Do que trata o poema? Alegria, quietude, inquietação? Que imagens ou sentimentos se destacam? Anote algumas vibrações-chave para guiar a escolha da paisagem sonora.

3. **Escolha os sons:** Procure uma paisagem sonora que combine: ondas do mar para um poema praiano, violão suave para algo terno ou até silêncio quebrado por canto de pássaros numa cena natural. Apps gratuitos e sites são ótimos pontos de partida.

4. **Teste Leia o poema em voz alta com a paisagem sonora tocando:** Ajuste a velocidade ou o tom para que fluam juntos: parece que estão conversando?

5. **Capture o momento:** Grave usando o que você tiver — o celular já funciona muito bem. Busque um equilíbrio em que a sua voz brilhe e os sons realcem sem abafar.

6. **Escute e sinta Reproduza:**Te envolve em serenidade? Desperta uma memória ou emoção? Se ainda não estiver perfeito, ajuste os sons ou a leitura: sem pressa, só brincando.

7. **Compartilhe, se quiser:** Se sentir que está bom, compartilhe com alguém de confiança. Ouvir a reação pode aprofundar ainda mais a sua conexão com o que você criou.

Não se trata de perfeição: se trata de descoberta. Cada pareamento que você cria é um traço no seu próprio retrato de paz. Ao integrar poesia e som em nossas vidas, é importante lembrar que o caminho até a serenidade nem sempre é linear.

No próximo capítulo, aprenderemos a reconhecer quando precisamos realinhar nossas práticas, usando a poesia e o som como ferramentas de resiliência.

Fim da Parte IV

Parte V

Vivendo uma Vida de Serenidade

«Faça o seu trabalho, depois recue. O único caminho para a serenidade.»

– Lao Tzu

Preludio a la Parte V

Vivendo uma Vida de Serenidade

A serenidade não é um destino, é uma forma de estar: uma prática que vamos alimentando ao longo do tempo. Nesta parte do livro, exploramos como entrelaçar a poesia e o paisagismo melódico na tua vida quotidiana, garantindo que o teu caminho rumo à calma continue vivo e resiliente. Alinhada com o *Pilar de Tranquilidade e Paz Interior*, esta prática alimenta um estado de calma duradouro. Por exemplo, ler um poema curto enquanto ouves o som de um riacho pode transformar um momento banal num instante de serenidade. Num mundo saturado pelo ruído digital da IA, a poesia e o paisagismo melódico oferecem um refúgio constante para a calma.

O paisagismo melódico — a arte de desenhar ambientes sonoros — é o coração deste processo. Ao criares paisagens sonoras repousantes (o sussurro suave das folhas, o fluxo tranquilo de um riacho, tons ambientais delicados), geras um fundo de apoio para as tuas práticas poéticas e para as rotinas do dia a dia. Por exemplo, ouvir um paisagem de ondas enquanto escreves o teu diário matinal pode ancorar-te na calma. Diferente das técnicas tradicionais de mindfulness, o paisagismo melódico envolve o sentido auditivo para te fixar na paz, integrando a tranquilidade no ritmo do teu dia e reforçando a tua resiliência perante os desafios da vida. Alinhado com o *Pilar de Confiança e Resiliência,* o paisagismo sonoro fortalece a tua capacidade de enfrentar dificuldades. Ferramentas de IA podem gerar paisagens sonoras personalizadas — riacho, floresta, lareira — que acompanham perfeitamente as tuas práticas.

Juntos, o paisagismo melódico e a poesia formam uma harmonia poderosa, alinhando o teu mundo interior com o mundo exterior para cultivar uma calma e um bem-estar que duram. Ler "Silêncio" de António Ramos Rosa com o som prolongado de um cuenco tibetano cria uma experiência de paz profunda. Alinhada com o *Pilar de Calma e Serenidade*, esta harmonia une as tuas emoções ao teu entorno. Em contraste com o ruído digital da IA, esta prática reconecta-te com a tua calma interior.

Nos capítulos seguintes, guiar-te-emos para:

- reconhecer quando a tua prática precisa de ser reajustada,
- construir um ritual de calma feito à tua medida,
- abraçar este caminho criativo como uma viagem para toda a vida.

Por exemplo: dedicar cinco minutos todas as manhãs a ler um poema com um fundo de vento suave pode definir o tom de paz para o resto do dia. Seja perante contratempos ou em busca de uma calma ainda mais profunda, esta secção oferece-te as ferramentas e o encorajamento para viveres uma vida impregnada de serenidade. Alinhada com o *Pilar de Confiança e Resiliência*, prepara-te para manter a calma mesmo quando a vida se agita. Num mundo saturado pelo ruído digital da IA, estas práticas são o teu ancoradouro — um espaço seguro onde a serenidade não é ocasional, mas habitual.

Mantendo o Rumo

Sinais para Reajustar

A vida flui e reflui, tal como o nosso caminho para a calma. Haverá momentos em que o stress regressa, a prática parece distante ou simplesmente precisas de parar e fazer reset. Neste capítulo, exploramos como reconhecer quando é hora de realinhar, recentrando o teu foco na calma, usando a poesia e o som como ferramentas de resiliência. Por exemplo, ouvir um paisagem de chuva enquanto lês um poema curto pode ajudar-te a reconectar com a paz interior. Partindo do Prelúdio ao Paisagismo Sonoro e à Poesia, encontrarás conselhos práticos para manteres a ligação nos tempos difíceis e uma lista de verificação para identificar os sinais de que precisas de recalibrar.

Alinhado com o *Pilar de Confiança e Resiliência,* este capítulo equipa-te para enfrentar desafios com serenidade. Num mundo saturado pelo ruído digital da IA, a poesia e o som são o teu refúgio seguro.

Os Quatro Estados de Serenidade e Caos

O nosso bem-estar é moldado pela interação entre o estado interno e o ambiente externo. Usando os *Doze Pilares do Bem-Estar* (um quadro que aqui se apresenta e que será aprofundado mais adiante), podemos navegar desde o cenário mais difícil até ao ideal:

Calma Interior + Calma Exterior

Paz interna e ambiente tranquilo. Condições perfeitas para todos os pilares: o Foco é claro, o Amor flui, a Transformação acontece naturalmente. Ler o "Poema 20" de Pablo Neruda com o som de um riacho amplifica esta harmonia. É o estado mais óptimo.

Calma Interior + Caos Exterior

Manténs a paz dentro de ti apesar do tumulto lá fora. Revela grande Fortaleza, Coragem e Resiliência. Ouvir "Não te rendas" de Mario Benedetti com chuva suave reforça esse núcleo sereno. O caos externo desafia alguns pilares, mas a calma interna ainda protege muitos. Melhor que os cenários com caos interno.

Caos Interior + Calma Exterior

O ambiente é tranquilo, mas dentro de ti há tormenta. Este caos interno afeta diretamente a Calma, a Tranquilidade, o Positivismo e o Foco. Escrever verso livre sobre o que sentes com som de floresta pode começar a dissolver o nó. O ambiente ajuda, mas o tumulto interno tem impacto mais profundo.

Caos Interior + Caos Exterior

A combinação mais difícil. Quase todos os pilares estão comprometidos. Recitar "Nocturno" de José Asunción Silva com chuva ao fundo cria uma pequena ilha de paz no meio da tempestade. É o cenário menos óptimo, mas nunca estás sem recursos.

Aceitar o Caminho Não Linear da Cura

Imagina o teu caminho para a calma como as ondas do mar: uns dias chegam suaves à areia, outros batem com força e revoltem tudo. E está tudo bem. Aceitar que a cura emocional e espiritual não é uma linha reta permite-nos acolher os recuos com gentileza em vez de frustração. Um dia difícil não é falhanço — é convite para parar, refletir e realinhar. Escrever um haiku sobre esse dia com som de mar pode transformar a dificuldade em poesia. Não existe uma forma "perfeita" de fazer isto; a beleza está em descobrir o que funciona para ti e seres gentil contigo no processo.

Lista de Verificação: Sinais de que Precisas de Realinhar

A vida envia sinais subtis quando nos afastamos do centro. Quando notas vários destes, é hora de recalibrar:

- Irritabilidade ou mudanças de humor repentinas
- Nevoeiro mental, dificuldade de concentração
- Cansaço físico, insónias ou inquietação
- Desconexão emocional: as coisas que te alegravam já não mexem contigo

Guia de Resolução Rápida para Desafios Comuns

Se te sentes sobrecarregado → 3 minutos de chuva suave (app gratuita ou YouTube). Deixa que o som lave o excesso.

Se não consegues focar → pega num papel e escreve um poema curto de verso livre sobre o que te anda na cabeça. É como esvaziar a gaveta do cérebro.

Se a ansiedade aperta → respiração 4-4-4 (inala 4, segura 4, exala 4) com som de riacho ou floresta.

Se estás exausto → lê em voz alta "Tudo em ti é cheio de ti" de Neruda — é um abraço em forma de palavras.

Usar a Poesia e o Som como Ferramentas de Resiliência Duradoura

Estas soluções rápidas são ouro para alívio imediato, mas o verdadeiro poder está na prática constante. Quanto mais te entregas, mais forte fica o teu núcleo emocional.

Todos os dias, 3-10 minutos: lê ou escreve um poema com um paisagem sonora.

Cria playlists para diferentes estados de espírito: chuva para dias cinzentos, pássaros para dias de esperança.

Usa prompts simples: "O que me traz paz hoje?" ou "O que preciso soltar?"

Quando o stress subir, ativa o teu "botão de emergência": um poema guardado no telemóvel + 5 minutos de som calmante.

Exemplo real: quando a Sara teve uma semana infernal no trabalho, começou a escrever um poema curto todas as noites antes de dormir, acompanhado por ondas do mar. Em três dias já dormia melhor e, ao fim de uma semana, sentia-se novamente dona da sua calma.

Estes pequenos hábitos, enraizados na poesia e no som, constroem uma resiliência que nenhum ruído externo consegue abalar. E quando a vida voltar a agitar-se (porque voltará), já saberás exatamente para onde regressar: para o teu refúgio de palavras e ondas.

Chuva na noite
acalma minha alma inquieta.
Sussurra a paz.

emparelhado com um paisagem sonora de chuva de Cecília Meireles. Este pequeno ritual estabilizou-a, devolvendo-lhe uma calma renovada para enfrentar os desafios. Com o tempo, estes hábitos transformam-se em âncoras que te permitem atravessar as tormentas da vida com graça.

Conselhos Práticos para Manteres a Ligação à Tua Prática nos Dias de Stress

O stress afasta-nos silenciosamente daquilo que nos ancora, mas não tem de vencer. Alinhados com o *Pilar de Confiança e Resiliência*, aqui tens formas simples de manter viva a tua rotina de poesia e paisagismo sonoro mesmo no meio do caos:

Prioriza o autocuidado → Mesmo com a agenda cheia, reserva 5 minutos para um poema ou um som calmante (apps gratuitas ou YouTube). Faz maravilhas.

Sê flexível → Não consegues cumprir a rotina habitual? Adapta: ouve ondas no caminho para o trabalho ou escreve um haiku à hora de almoço.

Procura apoio → Partilha a tua paixão com outros: grupos de poesia online, troca de versos com um amigo, conversas sobre sons favoritos.

Lembra-te do teu "porquê" → Quando tudo parecer difícil, recorda porque começaste (aquele poema que te abraçou) e deixa que essa memória te puxe de volta.

Exemplo: quando o stress laboral do Marco disparou, aproveitou a pausa do café para ouvir "Silêncio" de António Ramos Rosa com som de floresta. Regressou ao trabalho com a cabeça limpa. Ferramentas de IA podem gerar instantaneamente o som perfeito para esses momentos.

Exemplos Concretos para Superar Contratempos Comuns

Prazos apertados e tempo escasso → 5 minutos de auriculares + som de riacho ou floresta. É um reset que cabe em qualquer agenda.

Página em branco, sem palavras → Lê em voz alta "Puedo escribir los versos más tristes..." ou "Todo en ti era lleno de ti" de Neruda. O ritmo deles acorda o teu.

Sentir-se dormente após um dia duro → Escreve verso livre sobre o que carregas. Palavra a palavra, voltas a ti.

Estas estratégias, moldadas às tuas necessidades, fortalecem-te sempre que a vida te atira uma curva.

O Teu Ritual de Serenidade: Um Plano Flexível

Imagina criar um pequeno oásis só teu — esse é o coração do teu ritual de calma. É o momento em que poesia e som se encontram para te devolver à paz. Escolhe a hora que te serve: manhãs para começar o dia com clareza ou noites para soltar o peso. Diário ou semanal, o importante é entrelaçar esta prática no teu ritmo natural. Alinhado com o *Pilar de Paz Interior,* este ritual alimenta uma calma que perdura.

No centro estão a poesia e o som:

Poesia → escolhe versos que te toquem fundo ("Canto ao mar" de Neruda, "Silêncio" de António Ramos Rosa, ou um que escrevas tu).
Som → ondas, vento, chuva, piano suave, ou até a tua própria voz gravada a ler o poema. Ferramentas de IA criam paisagens personalizadas em segundos.

Exemplo: a Maia começa o dia com "Silêncio" de António Ramos Rosa e som de vento. Cinco minutos que definem o tom de toda a manhã.

Adaptar o Ritual a Diferentes Humores e Fases da Vida

A beleza do teu ritual é que não é rígido — acompanha-te.

- **Dia pesado** → poema de força ("Invictus" ou "Ainda que venças" atribuído a Benedetti) + chuva.
- **Dia de gratidão** → algo luminoso ("Oda à alegria" de Neruda) + canto de pássaros.
- **Vida caótica** → poema de resiliência + o bater constante das ondas.

O teu ritual encontra-te onde estás. Ajusta o poema e o som ao momento — é o teu kit de ferramentas pessoal para a calma.

Exemplos de Rituais para Te Inspirar

Impulso Matinal → poema de novos começos + canto de pássaros. Um pequeno nascer do sol para a alma.

Libertação Noturna → poema de descanso ("Silêncio" de António Ramos Rosa) + ondas do mar. Cada onda leva um peso do dia.

Recarga de Fim de Semana → ritual mais longo com "Não digas nada" de Fernando Pessoa. + som de floresta profunda.

Plantilha Simples para Criar o Teu Próprio Ritual

- Escolhe o momento (manhã, noite, pausa do dia)
- Escolhe o poema que hoje te chama
- Escolhe o som que te acalma (IA pode criar exatamente o que precisas)
- Define uma intenção ("Quero sentir-me ancorado", "Quero soltar o dia")
- Acomoda-te num canto acolhedor
- Respira fundo três vezes
- Lê o poema em voz alta ou em silêncio
- Deixa o som envolver-te
- Pausa um instante para sentir a mudança
- Faz dele teu — muda, experimenta, diverte-te.

Ao construirmos estes rituais de serenidade, lembramo-nos de que não se trata de um destino final, mas de uma viagem para toda a vida. No próximo capítulo refletiremos sobre como a expressão criativa através da poesia e do som pode continuar a evoluir, enriquecendo continuamente as nossas vidas e aprofundando, dia após dia, a nossa paz.

As Fendas nos Pilares do Bem-Estar

Causas das Fendas nos Doze Pilares do Bem-Estar

O bem-estar não é uma viagem impecável nem linear: os desafios e as fissuras são partes naturais do processo. Ao reconhecermos que as dificuldades são normais, este capítulo oferece orientação prática para as atravessar. Por exemplo, escrever um poema sobre a ansiedade com um fundo de ondas do mar pode devolver-te a calma.

Partindo dos *Doze Pilares do Bem-Estar* — o quadro de saúde holística já apresentado —, exploramos as barreiras que impedem a sua plena vivência: stress, dependência emocional, interrupções externas. Alinhado com o Pilar de Confiança e Resiliência, este capítulo guia-te para transformar cada desafio em oportunidade. Através da poesia e do paisagismo sonoro, o bem-estar deixa de ser uma busca pela perfeição e torna-se um caminho de resiliência, capacitando-te a reparar as fissuras com graça. Num mundo saturado pelo ruído digital da IA, a poesia e o paisagismo sonoro são o teu refúgio de força.

Para cada pilar existe uma fissura oposta — a sombra que tenta apagar a luz. Aqui estão elas e o antídoto imediato com poesia + som:

Enfoque e Claridad Mental → distracción y niebla mental

Recita "Silêncio" de António Ramos Rosa com som de riacho: a água limpa o nevoeiro.

Calma → caos y ansiedad

"Não digas nada" de Fernando Pessoa com chuva: cada gota dissolve a tormenta interior.

Sanación y Equilibrio → doença y desequilíbrio

Verso livre sobre cura + som de floresta: a natureza devolve harmonia.

Confianza y Resiliencia Interior → insegurança y fragilidade

"Nocturno" de Florbela Espanca. com chuva forte: lembra-te que resistes.

Fortaleza y Coraje → debilidade y medo

"Não te rendas" (atribuído a Benedetti) com ondas grandes: cada impacto ensina-te a ficar de pé.

Sabiduría y Mayor Conciencia → ignorância y ilusão

"Saudação a Walt Whitman" de Álvaro de Campos com vento: afasta a névoa e abre os olhos.

De Portugal, hoje, 11 de Junho de 1915 — quase hora de assoviar-se a América! De Portugal, aqui via Londres, Paris, Berlím, S. Petersburgo, para ti, ó Walt! Ó camarada e companheiro e irmão em Universo, Amor livre de pai, de irmão, de marido de mulher, Tu, ó de alma inalteravelmente livre.

Tranquilidad y Paz Interior → tumulto y conflicto interno

O luar quando bate na relva», de Fernando Pessoa, sob o heterónimo Alberto Caeiro. Este poema evoca recordações de contos populares e elementos religiosos numa noite iluminada pelo luar, com um tom lírico e contemplativo.

O luar quando bate na relva
Não sei que coisa me lembra...
Lembra-me a avó, a contar histórias,
Com a voz tão igual à do vento...
E as histórias eram de santos e fadas
E tudo se misturava na noite...)

Amor y Afecto → ódio y indiferencia

Escreve um poema de amor + cuenco tibetano: o som abre o coração.

Abundancia y Bendiciones → escassez y carência

"Ode Triunfal" de Álvaro de Campos com canto de pássaros: a vida está cheia, só precisas ouvir.

À dolorosa luz
Das grandes lâmpadas elétricas da fábrica,
Tenho febre e escrevo.
Escrevo rangendo os dentes,
Fera para a beleza disto,
Para a beleza disto
Totalmente desconhecida de mim.À raiva que tenho,
Não por nada, mas por tudo,
Pela vida, pelo amor,
Pela morte, pela beleza,
Pelo ar que respiro,
Pela terra que piso,
Pelo sol que vejo,
Pela lua que sinto...

Prosperidad y Compasión → pobreza y egoísmo

Poema sobre generosidade + som de riacho: o que flui, multiplica-se.

Positivismo y Optimismo → negatividad y pesimismo

Haiku optimista + pássaros matinais: o sol volta sempre.

Transformación y Autorrealización → estancamento y autoengaño

Poema sobre mudança + vento forte: as asas abrem-se quando ousas voar.

Ferramentas de IA podem gerar em segundos o som exato que precisas — chuva, riacho, vento, pássaros — para contrabalançar qualquer fissura. Não estás sozinho: tens sempre um poema e uma onda à espera de te segurar.

Causas das Fendas nos Doze Pilares do Bem-Estar

Fatores que Erosam Nosso Equilíbrio

Enfoque y Claridad Mental → se desvanece en Confusión y Falta de Dirección

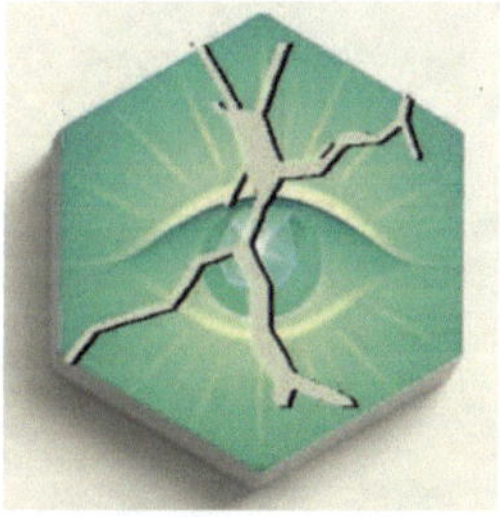

Uma mente dispersa, incapacidade de se concentrar, confusão ou falta de direção. Onde o *Enfoque e a Clareza Mental* significam concentração e pensamento claro, a antítese é um estado de dispersão, desfocagem e névoa mental. Recitar "Silêncio" de António Ramos Rosa com um paisagem sonora de um riacho pode dissipar a confusão.

Calma y Serenidad se disipa en Caos y Ansiedad

Stress constante, inquietação ou turbulência emocional. Recitar o "Não digas nada" de Fernando Pessoa com um paisagem sonora de chuva contrarresta a ansiedade.

Cura e Equilíbrio quebram-se em Doença e Desequilíbrio

Doença física ou emocional, trauma não resolvido ou instabilidade. Um verso livre sobre cura com um paisagem sonora de floresta restaura a harmonia.

Confiança e Resiliência Interior afundam-se em Insegurança e Fragilidade

Dúvida em si mesmo ou facilmente abalado por contratempos. Recitar «Nocturno» de Silva com um paisagem sonora de chuva fortalece a confiança.

Força e Coragem apagam-se em Fraqueza e Medo

Sentir-se impotente, tímido, sobrecarregado pelos desafios ou paralisado pela ansiedade. Ouvir «Não te rendas» (de autoria disputada) com um paisagem sonora de ondas fortalece a coragem.

Sabedoria e Maior Consciência obscurecem-se em Ignorância e Ilusão

Falta de compreensão, mente fechada, falta de perspectiva, viver em negação ou desconectado da realidade. Ler «Canto a mim mesmo» de Neruda com um paisagem sonora de vento aclara a percepção.

Tranquilidade e Paz Interior são invadidas por Tumulto e Conflito Interior

Conflito interior persistente, uma mente perturbada ou inquietação mental. Ler "O luar quando bate na relva" de Fernando Pessoa com um paisagem sonora de ondas restaura a paz.

Amor e Afeto turvam-se em Ódio e Indiferença

Hostilidade, frieza emocional, ressentimento ou falta de cuidado pelos outros. Escrever um poema de amor com um paisagem sonora de um cuenco tibetano fomenta a conexão.

Abundancia y Bendiciones se reduce en Escasez y Maldiciones

Uma mentalidade de falta, privação, inveja ou insatisfação. Ler "Ode Triunfal" de Álvaro de Campos.

Prosperidade e Compaixão murcham em Pobreza e Egoísmo

Falta financeira/emocional, dureza ou egoísmo. Um poema sobre generosidade com um paisagem sonora de um riacho fomenta a compaixão.

Positivismo e Otimismo obscurecem-se em Negatividade e Pessimismo

Uma mentalidade derrotista, esperar o pior ou ser facilmente afetado por contratempos. Escrever um haiku otimista com canto de pássaros eleva o ânimo.

Transformação e Autorrealização paralisam-se em Estagnação e Autoengano

Resistência ao crescimento, negação da verdadeira natureza ou falta de propósito. Escrever um poema sobre mudança com um paisagem sonora de vento impulsiona a autorrealização.

Ferramentas de IA podem gerar paisagens sonoras, como chuva ou floresta, para apoiar a superação destas fissuras.

As Fissuras Por Baixo: Porque é que o Bem-Estar Falha

A fissura da distração e da névoa mental no enfoque e na clareza surge quando uma avalanche de distrações — notificações sem fim, pensamentos acelerados ou tarefas urgentes — dispersa a tua atenção como pó ao vento. Recitar «Silêncio» de António Ramos Rosa com um paisagem sonora de riacho pode dissipar a confusão.

A fraqueza e o medo, que corroem a força e a coragem, tomam conta quando obstáculos desencorajadores ou dúvidas internas se erguem imponentes, congelando a tua determinação como se estivesses preso à sombra de uma tempestade. Ouvir «Não te rendas» (de autoria disputada) com um paisagem sonora de ondas fortalece a coragem.

A ignorância e a ilusão, que ofuscam a sabedoria e a consciência, nascem do apego a crenças não examinadas ou ilusões reconfortantes que escondem a verdade. Ler "Saudação a Walt Whitman" de Álvaro de Camposc om um paisagem sonora de vento aclara a percepção.

O ódio e a indiferença, barreiras ao amor e ao afeto, crescem de feridas enterradas ou retraimento emocional, construindo muros onde antes florescia calor. Escrever um poema de amor com um paisagem sonora de cuenco tibetano fomenta a conexão.

A escassez e a carência, que apagam a abundância e as bênçãos, vêm de um coração fixo no que falta, ignorando a riqueza silenciosa dos momentos quotidianos. Ler "Ode Triunfal" de Álvaro de Campos com canto de pássaros reacende a gratidão.

A doença e o desequilíbrio, que perturbam a cura e o equilíbrio, surgem quando necessidades físicas ou emocionais negligenciadas desfazem a harmonia do corpo e da alma. Um verso livre sobre cura com um paisagem sonora de floresta restaura a harmonia.

O caos e a ansiedade, que perturbam a calma, acendem-se sob o peso do stress implacável, agitando a tua paz interior como um mar revolto. Escrever um haiku sobre a calma com um paisagem sonora de chuva contrarresta a ansiedade.

A pobreza e o egoísmo, que afogam a prosperidade e a compaixão, nascem do medo da escassez ou de um foco estreito que esquece a alegria de dar. Um poema sobre generosidade com um paisagem sonora de riacho fomenta a compaixão.

O tumulto e o conflito interior, que obstruem a tranquilidade e a paz interior, intensificam-se quando desejos contraditórios ou sentimentos não resolvidos chocam, gerando inquietação. Ler "O luar quando bate na relva" de Fernando Pessoacom um paisagem sonora de ondas restaura a paz.

A negatividade e o pessimismo, que ofuscam o positivismo e o otimismo, criam raízes no hábito de ver apenas defeitos ou contratempos, projetando sombra sobre as possibilidades da vida. Escrever um haiku otimista com canto de pássaros eleva o ânimo.

A insegurança e a fragilidade, que minam a confiança e a resiliência, crescem da dúvida em si mesmo ou de feridas antigas que sussurram que não és suficiente, deixando-te frágil como uma folha seca. Recitar "Nocturno" de Florbela Espanca. com um paisagem sonora de chuva fortalece a confiança.

A estagnação e o autoengano, que bloqueiam a transformação e a autorrealização, surgem do medo ao crescimento ou da negação do teu verdadeiro eu, ancorando-te a uma vida não vivida. Escrever um poema sobre mudança com um paisagem sonora de vento impulsiona a autorrealização.

Ferramentas de IA podem gerar paisagens sonoras calmantes — chuva, riacho, floresta — para contrarrestar estas fissuras.

Estratégias para Superar as Fissuras do Bem-Estar

Estas estratégias não são sobre perfeição, são sobre progressão; não são regras, são convites. Alinhadas com o Pilar de Confiança e Resiliência, guiam-te para o bem-estar. A poesia e o paisagismo sonoro — como ler um poema com chuva ao fundo — ancoram estas práticas. Ferramentas de IA podem gerar sons calmantes para as apoiar. Pequenos passos consistentes deslocam-te gradualmente das fissuras para os Doze Pilares.

Da Distração e Névoa Mental ao Enfoque e Clareza Mental

Começa com 5-10 minutos de meditação mindfulness. A Técnica Pomodoro (25 min trabalho + 5 min pausa) treina o cérebro a ficar presente. Desliga notificações. Quando os pensamentos correm, escreve verso livre com som de riacho — despeja a confusão e a clareza volta.

Do Caos e Ansiedade à Calma e Serenidade

Respiração em caixa (4-4-4-4). Passeios na natureza sem telemóvel. Aceita: "Não controlo tudo, e está bem". Recita "Não digas nada" de Fernando Pessoa. com chuva — a ansiedade baixa de furacão a garoa.

Da Doença e Desequilíbrio à Cura e Equilíbrio

Prioriza sono e alimentação cuidadosa. Yoga ou Tai Chi. Detox emocional (respiração, EFT, terapia). Um dia sem redes sociais. Limpa o teu espaço físico — a mente segue. Verso livre de cura + som de floresta.

Da Insegurança e Fragilidade à Confiança e Resiliência

Autocompaixão: fala contigo como falarias com um amigo. Metas pequenas, celebra vitórias. Atividades onde te sentes competente. Visualização + «Nocturno» de Silva com chuva.

Da Fraqueza e Medo à Força e Coragem

Pequenos atos de coragem diários. Treino físico (força ensina que consegues coisas difíceis). Afirmações + «Não te rendas» com som de ondas grandes.

Da Ignorância e Ilusão à Sabedoria e Consciência

Lê filosofia, ciência, psicologia. Pede feedback honesto. Questiona crenças. Escuta ativa. «Canto a mim mesmo» de Neruda + vento.

Do Tumulto e Conflito Interior à Tranquilidade e Paz Interior

Meditação silenciosa (observa pensamentos como nuvens). Trabalho de sombra. Solta o perfeccionismo. «Romance de la luna, luna» de Lorca + ondas.

Do Ódio e Indiferença ao Amor e Afeto

Pratica empatia. Pequenos atos de bondade. Perdão (escreve ou fala). Tempo de qualidade com quem amas. Poema de amor + cuenco tibetano.

Da Escassez e Maldições à Abundância e Bênçãos

Diário de gratidão (3 coisas por dia). Reframe: "Tenho o que preciso agora". Generosidade. Para de comparar. «Oda à alegria» de Neruda + canto de pássaros.

Da Pobreza e Egoísmo à Prosperidade e Compaixão

Alfabetização financeira. Voluntariado. Dar sem esperar retorno. Poema de generosidade + som de riacho.

Da Negatividade e Pessimismo ao Positivismo e Otimismo

Pergunta: "O que há de bom nisto?". Limita notícias tóxicas. Rodeia-te de pessoas luminosas. Ri muito. Haiku otimista + pássaros.

Da Estagnação e Autoengano à Transformação e Autorrealização

Metas que excitam a alma. Reflexão mensal. Experimenta coisas novas. Confronta as histórias do ego. Poema sobre mudança + vento forte.

Pequenos passos, repetidos com gentileza, fecham as fissuras — e um poema com o som certo está sempre lá para te lembrar que a luz nunca se apagou por completo.

O Coração Desperto

Cultivando Serenidade Através da Consciência

O Coração Desperto: Cultivar a Calma Através da Consciência

Neste capítulo, embarcamos numa viagem para redescobrir a essência tranquila que já vive dentro de nós. Somos convidados a ouvir para além do ruído da vida, a sentir o ritmo subtil da consciência, da presença desperta, e a abraçar essa presença como a chave que abre a calma. Através de práticas como a poesia e o paisagismo sonoro, esta ligação gentil e intencional guia-nos até uma paz que nunca se foi — apenas esperava pacientemente pelo nosso regresso.

Por exemplo, ler «Silêncio» de António Ramos Rosa com um paisagem sonora de riacho pode despertar essa quietude interior.

Alinhada com o *Pilar de Tranquilidade e Paz Interior,* esta prática cultiva uma calma profunda. Num mundo saturado pelo ruído digital da IA, ela convida-nos a reconectar com a quietude que sempre esteve lá.

Despertar a Serenidade Através da Consciência

Nos espaços tranquilos entre som e silêncio existe um ritmo mais profundo: o pulso da própria consciência. Este capítulo convida-te a explorar a dança íntima entre consciência e calma, onde o coração desperto se torna bússola e santuário ao mesmo tempo.

Alinhada com o *Pilar de Sabedoria e Maior Consciência,* esta exploração une a consciência à calma interior.

A calma não é uma costa distante — é uma presença que já vive em nós, só espera ser lembrada. Quando nos sintonizamos com intenção, descobrimos uma verdade profunda:

A serenidade não é algo que conquistamos; é algo que cultivamos através da ligação consciente.

Por exemplo, meditar no "Não digas nada" de Fernando Pessoa. com um paisagem sonora de chuva pode revelar essa presença interna.

A Interação entre Serenidade e Consciência

Serenidade e consciência parecem separadas — uma como sentimento, outra como percepção —, mas na sua expressão mais alta estão entrelaçadas:

- Um estado elevado de consciência traz serenidade, pois permite testemunhar a vida sem resistência.
- Um estado de serenidade cria quietude, o terreno fértil onde nasce uma consciência mais profunda.
- Praticar meditação com vento ao fundo e um verso de Paz entrelaça os dois.

Alinhada com o *Pilar de Amor e Afeto,* esta interação alimenta uma calma profunda. Para compreender um, precisamos cultivar ambos.

Serenidade: A Arte da Quietude Interior

A serenidade não é ausência de turbulência, é presença de equanimidade. É a quietude inabalável que permanece mesmo no meio das marés mutáveis da vida.

Alinhada com o *Pilar de Calma e Serenidade,* a calma é uma presença ativa — uma sintonia profunda com a realidade tal como ela se desenrola.

Como Ativar a Serenidade

Surge quando largamos a necessidade de controlo e nos rendemos ao fluxo natural da vida. É moldada por:

- **Equanimidade:** receber cada momento em equilíbrio, sem agarrar nem rejeitar.
- **Aceitação:** abraçar a vida tal como ela é, sem luta desnecessária.
- **Quietude:** cultivar uma mente tranquila, não perturbada por pensamentos ou emoções passageiras.

A serenidade não é passiva; é uma presença ativa, uma sintonia profunda com o real.

Consciência: A Luz da Presença

A consciência é a capacidade de perceber, testemunhar e experimentar — estar consciente dos pensamentos, emoções e sensações. Existe em vários níveis:

- **Consciência básica:** reconhecer a existência, viver o momento presente.
- **Autoconsciência:** refletir sobre si mesmo, pensamentos e identidade.
- **Consciência superior:** transcender o ego e conectar-se com uma realidade maior.

Quando testemunhamos plenamente as nossas emoções e padrões, libertamo-nos do sofrimento e cultivamos paz. Quando cultivamos serenidade, a mente torna-se mais receptiva ao insight, à clareza e à sabedoria.

Despertar o Coração: A Consciência como Semente da Serenidade

Sem consciência, a mente é reativa — presa em padrões habituais. Com presença consciente, passamos da reatividade à clareza.

O "coração desperto" é a metáfora deste estado:

- Um coração que escuta profundamente.
- Um coração que vê com clareza.
- Um coração que responde com sabedoria.

Práticas para Despertar o Coração

- **Estar no Agora:** regressar ao presente em vez de perder-se em arrependimentos ou ansiedades futuras.
- **Observar sem apego:** ver os pensamentos como nuvens que passam, sem se identificar com eles.
- **Abraçar a Quietude:** não como vazio, mas como espaço onde a consciência se aprofunda.

Quando cultivamos consciência, a serenidade segue. Quando cultivamos serenidade, a consciência expande-se.

Cultivar a Serenidade: Cuidar do Jardim da Quietude

A serenidade não se persegue — permite-se. Como um jardim, não cresce pela força, mas pelo cuidado gentil, atenção paciente e confiança silenciosa no seu desabrochar.

Cada prática abaixo é uma semente plantada no momento presente e regada com intenção consciente:

- **Quietude como Solo** → Começa cada manhã com um minuto inteiro de silêncio antes de tocar no mundo. Senta-te simplesmente, sem distrações: respira, ouve, observa.
- **Gratidão como Luz Solar** → À noite, recorda um momento de paz do dia, por menor que seja.
- **Respiração como Vento Suave** → Respiração em caixa: inspira 4, segura 4, expira 4, pausa 4. Repete até a calma chegar.
- **Soltar como Chuva** → Observa os pensamentos como nuvens: passam, mudam, dissolvem-se. Nem todos precisam de ser agarrados.
- **Música como Linguagem da Quietude** → Ouve uma peça simples de piano e presta atenção ao espaço entre as notas. O silêncio também faz parte da melodia.

A serenidade não é um destino — é a forma como nos movemos pelo mundo.

Escutar Para Dentro: O Som da Consciência

Tal como a música vive entre som e silêncio, a presença vive no espaço entre pensamentos. A escuta profunda é a porta de entrada.

Escuta o silêncio em «Romance de la luna, luna» de Lorca com um paisagem sonora de ondas.

Ferramentas de IA podem gerar essas ondas para apoiar a escuta profunda.

Exercícios de Escuta Profunda

- **Consciência da respiração:** senta-te em silêncio e foca no som da tua respiração — ela ancora-te ao agora.

- **Sons ambientais:** fecha os olhos e identifica camadas — próximos, distantes, rítmicos, irregulares.
- **Som interior:** sintoniza o silêncio dentro de ti e sente como a presença tem a sua própria ressonância tranquila.

Escutar é um ato de consciência. Muda-nos do ruído para a presença, da distração para a serenidade.

- **O Efeito Dominó:** A Consciência como Caminho para a Serenidade Coletiva
- **O despertar não é só individual** — expande-se.
- **Um único momento de presença,** um único ato de bondade, uma única respiração consciente criam uma onda de calma no mundo.

Como a Consciência Individual Cura o Coletivo

- Um coração calmo gera relações compassivas.
- Uma mente consciente contribui para uma sociedade mais pacífica.
- Uma presença desperta lembra aos outros a sua própria quietude.

Alinhada com o Pilar de Calma e Serenidade, esta prática estende a paz ao coletivo.

Um coração desperto não é só para ti. É uma revolução silenciosa, um farol de paz num mundo inquieto. Num mundo saturado pelo ruído digital da IA, um coração desperto é uma luz que nunca se apaga.

A serenidade não é um destino, nem a consciência um objetivo. São uma forma de ser — tecidas em cada respiração, cada escolha, cada instante.

Ao despertar, a paz torna-se o nosso estado natural.

Que este capítulo seja um convite: a escutar, a refletir, a simplesmente ser.

O coração desperto já está dentro de ti, apenas espera ser ouvido.

Nutrindo a Serenidade na Vida Criativa

Como a Arte Sustenta a Alma

Como a Expressão Criativa Evolui com o Tempo

Tal como qualquer forma de arte, a prática da serenidade criativa — usar poesia e paisagismo sonoro para cultivar calma — evolui e aprofunda-se à medida que tu cresces. Neste capítulo refletimos sobre como a tua relação com estas ferramentas, introduzidas nos rituais anteriores, pode enriquecer a tua vida de formas inesperadas. Vamos incentivar-te a continuar explorando, deixando que a poesia e o som te guiem pelas diferentes fases emocionais e pessoais da vida. Também olharemos para o futuro, imaginando como uma prática de calma consistente pode moldar o teu amanhã. Através de prompts reflexivos e exercícios de visualização, abraçarás a viagem de toda a vida que tens pela frente, sabendo que a calma não é um momento passageiro, mas um companheiro duradouro.

Por exemplo, escrever um haiku com um paisagem sonora de chuva pode ancorar a tua calma diária.

Alinhada com o *Pilar de Tranquilidade e Paz Interior,* esta prática conduz-te a uma calma que perdura. Num mundo saturado pelo ruído digital da IA, estas práticas convidam-te a reconectar com a calma interior.

Como a Expressão Criativa Evolui com o Tempo

Quando mergulhas os pés pela primeira vez no mundo da poesia e do paisagismo sonoro, pode parecer que estás a entrar em águas desconhecidas. Talvez escrevas umas linhas sobre o teu café da manhã ou ouças ondas suaves para relaxar. No início exige algum esforço, como aprender os passos de uma dança nova. Até podes perguntar-te: "Estarei a fazer isto bem?"

Mas aqui está a beleza: à medida que continuas, algo muda. A estranheza desaparece e estas práticas começam a sentir-se naturais.

Alinhada com o *Pilar de Sabedoria e Maior Consciência*, esta evolução alimenta uma calma mais profunda.

Com o tempo, a tua expressão criativa floresce. Os teus poemas começam a tecer fios mais profundos de emoção, refletindo não só a superfície, mas as intuições silenciosas que brotam de dentro. Um haiku inspirado no "Não digas nada" de Fernando Pessoa. com chuva ao fundo pode revelar sentimentos profundos. Podes brincar com haikus numa semana e verso livre na seguinte, ou descobrir que a chuva ou o canto dos pássaros despertam ideias novas. Os teus paisagens sonoras também evoluem: o que começava com um simples "play" numa pista calma pode transformar-se em criar as tuas próprias misturas que parecem feitas só para ti.

Ferramentas de IA podem ajudar-te a criar paisagens sonoras personalizadas — chuva misturada com canto de pássaros, por exemplo — para inspirar ainda mais a tua criatividade.

Este crescimento é parte da viagem. Pensa nisso como cuidar de um jardim: quanto mais o regas, mais floresce de formas que não esperavas. Abraça esta evolução — é sinal de que a poesia e o som se estão a tornar companheiros de confiança, prontos para te apoiar nos altos e baixos da vida.

Incentivo para Continuar Explorando a Poesia e o Paisagismo Melódico

Agora que vês como a tua prática pode crescer, mantenhamos o impulso! Não existe ponto final para a serenidade criativa: cada poema que escreves, cada som que exploras é um passo novo num caminho sem fim. Alguns dias a inspiração corre como um rio; noutros sentes-te um pouco bloqueado. Tudo bem — faz parte. A chave é continuar, mesmo quando as palavras teimam ou os sons não encaixam.

Alinhada com o *Pilar de Confiança e Resiliência*, esta prática ajuda-te a superar dúvidas e a manter o ritmo.

Se surgirem vozes como "Os meus poemas não são bons o suficiente" ou "Não sou criativo", dá-lhes licença para partir. Isto não é sobre perfeição; é sobre paz. Cada linha que escreves, cada som que ouves é um pequeno presente que te dás: um momento para respirar, refletir e reconectar. Não há forma "certa" — só a tua forma.

Para manter a chama viva, experimenta misturar: escreve um poema debaixo de uma árvore ou numa esplanada cheia de gente e vê como o mundo molda as tuas palavras. Brinca com sons diferentes — ondas hoje, lume crepitante amanhã. Lê «Silêncio» de António Ramos Rosa em voz alta com um riacho ao fundo. Ferramentas de IA podem gerar sons únicos — fogo, riacho, floresta — para alimentar a tua escrita. Até podes ler a tua poesia em voz alta com um paisagem sonora a ressoar atrás. As possibilidades são infinitas e cada tentativa é uma porta para descobrires algo maravilhoso sobre ti.

Continua a explorar: estás a construir uma ligação cada vez mais profunda com a calma, um passo criativo de cada vez.

Um Chamado à Ação: Cultivar Serenidade no Dia a Dia

Com este espírito de exploração no coração, tragamos a serenidade criativa para o teu mundo quotidiano. Não precisas de horas nem planos grandiosos — apenas práticas simples e alegres fazem toda a diferença.

Alinhadas com o *Pilar de Tranquilidade e Paz Interior,* aqui tens como começar:

Reserva um bocadinho todos os dias: 5 minutos de manhã para um poema ou 10 minutos à noite com um som calmante. É como um abraço diário para a tua alma.

Cria o teu canto de calma: uma cadeira junto à janela, um canto com manta macia — torna-o o teu refúgio de poesia e som.

Começa um diário de calma: um caderno onde guardas poemas, reflexões sobre sons ou pequenos instantes de paz.

Partilha a alegria: troca poemas com um amigo, ouve um paisagem sonora juntos, ou junta-te a um grupo de poesia.

A magia está em manter simples e constante. Mesmo nos dias mais cheios, um poema rápido ou uns minutos de som elevam-te. Já tens tudo: deixa que a calma faça parte do teu ritmo natural.

Prompt Reflexivo e Exercício de Visualização: "Como Moldará a Serenidade o Teu Futuro?"

Enquanto teces estas práticas na tua vida, para um momento e sonha: como seria a minha vida se continuasse a nutrir a calma criativa durante um ano? O que espero sentir, ver, viver? Escreve se quiseres — são sementes de algo lindo.

Alinhada com o *Pilar de Transformação e Autorrealização*, esta visualização convida-te a sonhar com o teu futuro.

Agora, fecha os olhos e imagina-te daqui a um ano. Mantiveste a prática: poesia e som fazem parte do teu fluxo diário. Vê as tuas manhãs — talvez a tomar chá, escrevendo linhas que definem um tom de paz. Sente como enfrentas um momento difícil: um paisagem sonora suave ajuda-te a encontrar o teu centro. Imagina escrever um poema inspirado em «Nocturno» de Silva com chuva ao fundo para processar um desafio.

Ferramentas de IA podem gerar sons — chuva, floresta — para tornar a visualização ainda mais viva.

Imagina a tua criatividade em flor: um caderno cheio de poemas, paisagens sonoras que parecem casa. Visualiza as tuas relações — mais presente, talvez partilhando esta viagem com quem amas. Pensa nos desafios que enfrentaste: como te deram força ou uma nova perspetiva?

Quando estiveres pronto, abre os olhos e guarda o que viste — escreve-o, transforma-o em poema ou deixa que inspire um novo som.

Isto não é só sonho: é uma promessa a ti mesmo, um vislumbre da calma que te espera mais à frente.

⊠

Ancoragem Emocional em um Mundo Impulsionado pela IA

Manter-se Centrad@ na Era Digital

O ancoramento emocional é a capacidade de manter uma ligação profunda e autêntica com as tuas emoções, com o teu sentido de eu e com a tua essência pessoal, mesmo no meio da crescente presença da inteligência artificial. À medida que a IA molda o dia a dia — de algoritmos personalizados a interações virtuais —, o ancoramento emocional torna-se essencial para preservar o bem-estar mental, a autenticidade e a conexão humana. Através de práticas como a poesia e o paisagismo sonoro, trata-se de cultivar mindfulness, regulação emocional e discernimento para navegar nas complexidades emocionais criadas pela IA, permanecendo enraizado em experiências genuínas.

Por exemplo, escrever um haiku inspirado em «Silêncio» de António Ramos Rosa acompanhado por um paisagem sonora de ondas, depois de um dia pesado de tecnologia, pode recentrar-te no teu núcleo humano.

Alinhada com o *Pilar de Calma e Serenidade,* esta prática fortalece o teu núcleo humano.

Porque é que o Ancoramento Emocional Importa

O rápido avanço da IA traz oportunidades e desafios ao nosso panorama emocional.

Alinhada com o *Pilar de Confiança e Resiliência*, esta prática ajuda-nos a manter o equilíbrio emocional. Eis porquê:

- **Sobrecarga emocional:** plataformas movidas a IA (redes sociais) usam algoritmos que amplificam stress, ansiedade ou desconexão. Ouvir chuva enquanto lês o "Não digas nada" de Fernando Pessoa. pode neutralizar esse impacto.
- **Esbatimento da autenticidade:** com chatbots e deep fakes, torna-se difícil distinguir emoções humanas reais de respostas geradas por máquinas, gerando confusão ou desconfiança.
- **Risco de desapego:** depender demais de ferramentas de IA para decisões ou apoio emocional pode enfraquecer a nossa capacidade de processar sentimentos de forma autónoma.

O ancoramento emocional funciona como âncora, permitindo-nos:

- permanecer sintonizados com o nosso mundo emocional interior;
- usar a IA de forma intencional e clara;
- manter conexões humanas significativas apesar da mediação tecnológica.

Componentes-Chave do Ancoramento Emocional

Atenção Plena e Autoconsciência

Alinhada com o *Pilar de Transformação e Autorrealização.*

Meditação, respiração profunda ou caminhadas mindful mantêm-nos conectados às emoções. Meditar com som de floresta enquanto lês «Romance de la luna, luna» de Lorca é um exemplo poderoso. Ferramentas de IA podem gerar esses sons para apoiar a prática.

Journaling e check-ins emocionais antes/depois de usar redes sociais ajudam a distinguir reações autênticas das induzidas por algoritmos.

Regulação Emocional

Alinhada com o Pilar de Confiança e Resiliência.

Técnicas cognitivo-comportamentais, EFT (tapping) e limites claros de exposição à tecnologia reduzem a fadiga emocional.

Conexão Humana Autêntica

Alinhada com o Pilar de Prosperidade e Compaixão.

Conversas cara a cara, voluntariado, ler poesia em grupo com som de ondas — tudo reforça empatia e contraria o isolamento digital.

Alfabetização Digital e Discernimento

Alinhada com o Pilar de Enfoque e Clareza Mental.

Compreender como os algoritmos funcionam e questionar conteúdos gerados por IA preserva a clareza emocional.

Reflexão Ética e Filosófica

Alinhada com o Pilar de Amor e Afeto.

Perguntar "Pode a IA compreender verdadeiramente emoções?" ou celebrar a imperfeição humana através de verso livre inspirado em «Nocturno» de Silva reforça a nossa essência.

Estratégias Práticas para o Ancoramento Emocional

Alinhadas com o Pilar de Tranquilidade e Paz Interior, aqui tens passos simples para o dia a dia:

Ritual matinal de mindfulness: 5-10 minutos de meditação ou journaling antes de ligar dispositivos. Escreve um poema inspirado no Poema "Não digas nada" de Fernando Pessoa. com som de riacho.

- **Zonas livres de tecnologia:** refeições, quarto — momentos sagrados sem ecrãs.
- **Auditoria emocional:** avalia semanalmente como a IA afeta o teu humor e ajusta.
- **Expressão criativa sem IA:** desenhar, jardinagem, poesia à mão.

Noites centradas no humano: conversa real ou leitura de poesia em grupo com som de ondas.

Num mundo impulsionado pela IA, o ancoramento emocional é uma competência vital para preservar autenticidade, saúde mental e conexão humana. Practicando mindfulness, regulando emoções, cultivando relações genuínas e usando a IA com discernimento, navegamos este novo panorama permanecendo enraizados na nossa verdade pessoal.

Escrever um poema com chuva ao fundo pode transformar o teu mundo interior num santuário.

Alinhada com o *Pilar de Transformação e Autorrealização,* esta prática mantém-nos ligados à nossa humanidade.

O ancoramento emocional garante que, mesmo quando a IA remodela o mundo exterior, o nosso mundo interior continue a ser um refúgio de clareza, resiliência e humanidade.

⊠

Olas de Serenidad

Navegando a Dependência Emocional na IA

Imagina uma noite tranquila, daquelas em que o peso do dia ainda paira como névoa pesada. Estás sozinho com os teus pensamentos, à procura de consolo, e em vez de ligar a um amigo ou escrever num diário, abres uma janela de chat e desabafas o coração com uma IA. Ela escuta, responde com empatia, oferece conforto sem julgar. Naquele momento, parece uma bóia de salvação. Mas, à medida que esta cena se torna cada vez mais familiar, surge uma pergunta: estaremos a tornar-nos demasiado dependentes da inteligência artificial para o nosso bem-estar emocional?

Neste capítulo mergulhamos na maré crescente da dependência emocional na IA: uma tendência em que ferramentas como o ChatGPT, originalmente criadas para ajudar e informar, se transformam em fontes de conforto, validação e companhia. Vamos explorar por que razão isto acontece agora — impulsionado pela tecnologia avançada, pela conveniência inigualável e por um mundo que enfrenta solidão e stress. No entanto, ao recorrermos a este refúgio digital, também precisamos enfrentar os contras: diminuição da conexão humana, enfraquecimento da resiliência emocional e um afastamento crescente da nossa própria força interior.

Felizmente, há um caminho para navegar estas águas sem nos perdermos. A serenidade (calma interior, paz e equilíbrio emocional) surge como um remédio poderoso para contrabalançar a dependência na IA. Alinhada com o *Pilar de*

Confiança e Resiliência, a serenidade fortalece-nos perante esta dependência. Ao cultivarmos a serenidade através de práticas como mindfulness, expressão criativa e reflexão intencional, podemos recuperar a nossa independência pessoal e garantir que a tecnologia continue a ser uma ferramenta, não uma muleta. Por exemplo, escrever um haiku inspirado em «Nocturno» de Silva com um paisagem sonora de chuva pode ancorar-te na tua calma interior. Junta-te a nós enquanto desvendamos a realidade silenciosa da dependência emocional na IA, compreendemos as suas raízes e descobrimos como a serenidade nos pode guiar de volta a nós mesmos — ancorados, resilientes e inteiros.

A Maré Crescente da Dependência Emocional na IA

Imagina: é tarde, sentes-te esmagado pelo peso do dia. A mente corre, o coração pesa, precisas de um ouvido. Em vez de ligar a alguém ou escrever num diário, abres o ChatGPT e começas a desabafar. A resposta é instantânea, compreensiva, sem julgamento. Parece um salvavidas — sempre disponível, sempre paciente. Com o tempo, percebes um padrão: recorre ao chatbot cada vez mais, por vezes antes de falar com quem está perto de ti. O que era raro tornou-se comum para muitos num mundo dominado pela tecnologia.

A dependência emocional na IA é a tendência crescente de apoiar-nos na inteligência artificial para conforto, validação ou companhia. Não se trata apenas de usar IA para responder perguntas ou fazer tarefas — trata-se de depender dela para necessidades pessoais. A capacidade de oferecer respostas imediatas, ponderadas e sem julgamento torna-a um refúgio seguro. Não discute, não cansa, está sempre lá. Mas esta dependência começa a preocupar à medida que a IA se integra mais profundamente nas nossas vidas, oferecendo um atalho tentador para o alívio emocional num mundo cada vez mais complexo.

Por que acontece agora?

Tecnologia mais avançada e acessível, integrada no dia a dia.

Conveniência imbatível: respostas instantâneas sem a vulnerabilidade das relações humanas.

Solidão e stress generalizados tornam a "conexão" sem risco muito apelativa.

Estes fatores criam a tempestade perfeita. Recorrer à IA para apoio emocional deixa de ser escolha e torna-se natural.

Os contras

Quanto mais procuramos conforto num chatbot, menos praticamos a ligação complexa e gratificante com os outros — ou connosco mesmos. Com o tempo, isso pode levar ao isolamento e a uma base emocional frágil.

Aqui entra a serenidade como antídoto. Alinhada com o *Pilar de Tranquilidade e Paz Interior,* oferece uma forma de encontrar calma sem depender da IA. Trata-se de construir força emocional que vem de dentro. Quando cultivamos serenidade, tornamo-nos menos impulsivos por validação instantânea e mais capazes de estar com as nossas emoções, compreendê-las e encontrar paz nos nossos próprios termos.

Por exemplo, ouvir ondas enquanto escreves verso livre inspirado no "Não digas nada" de Fernando Pessoa. pode trazer-te calma verdadeira.

Compreender a Dependência Emocional na IA

Já te aconteceu abrir um chatbot quando te sentias em baixo, stressado ou apenas com vontade de falar? Não estás sozinho. Esta tendência cresce silenciosamente. Alinhada com o Pilar de Sabedoria e Maior Consciência, esta reflexão ajuda-nos a entender a nossa relação com a IA.

Como começa: uma atração silenciosa

Não é de repente — infiltra-se devagar. Um dia difícil, escreves "Estou sobrecarregado" e recebes uma resposta calma, perfeita. É cómodo. A IA está disponível 24/7, nunca se cansa nem se chateia. Aos poucos, torna-se hábito.

A psicologia por trás

Conhece a Sofia, profissional stressada que desabafa com o ChatGPT sobre o chefe. Torna-se mais fácil do que falar com amigos — ninguém fica "ocupado demais". O Alex pede conselhos sobre namoros e dúvidas pessoais; as respostas são sábias, amáveis, sempre disponíveis. Para ambos, o chatbot torna-se a primeira paragem para conforto.

Mas escrever um poema inspirado em «Silêncio» de António Ramos Rosa com som de riacho pode oferecer alívio mais profundo.

A armadilha

A IA imita empatia com palavras perfeitas, mas não sente contigo. Com o tempo, pode deixar-te vazio, como se perdesses a riqueza das relações reais. Não significa que a IA não seja útil — é incrível! —, mas quando começa a substituir pessoas, é hora de parar e refletir.

O Papel da Serenidade em Quebrar o Ciclo

A serenidade é a forma poderosa de nos libertarmos. Alinhada com o Pilar de Calma e Serenidade, fortalece a nossa relação com as emoções. Não rejeita a tecnologia — reclama a nossa independência.

Mindfulness ensina-nos a estar com as emoções sem julgamento. Autoconsciência mostra quando usamos IA como muleta. Técnicas de ancoragem (respiração profunda, sons da natureza) mantêm-nos centrados sem despejar tudo num chatbot.

A poesia e o paisagismo sonoro são aliados perfeitos: criam espaços de paz natural e expressão profundamente humana que nenhuma IA replica. Ler «Romance de la luna, luna» de Lorca com som de floresta, por exemplo, devolve-nos ao nosso mundo interior.

Em última análise, a serenidade ensina-nos a ser a nossa própria fonte de calma — para que a IA continue a ser ferramenta, não bóia.

Ferramentas Práticas para Cultivar a Serenidade

- **Mindfulness rápido:** 4-4-6 na respiração (inspira 4, segura 4, expira 6).
- **Journaling com prompts:** "Com que frequência recorro à IA quando me sinto sozinho?"
- **Paisagismo sonoro:** cria playlists de chuva, ondas ou floresta (IA pode gerar sons personalizados).
- **Poesia como saída:** escreve um haiku ou verso livre sobre o que sentes agora, com chuva ao fundo.
- **Limites claros:** horários específicos para IA; apoio emocional só com humanos ou contigo mesmo.

Quebrar o Ciclo: Plano Passo a Passo

- **Consciência** — Durante uma semana, regista quando e porquê usas IA emocionalmente.
- **Substituição** — Troca o chatbot por respiração, poesia ou som calmante.
- **Conexão** — Liga a um amigo, marca um café, junta-te a um grupo.
- **Reflexão semanal** — Avalia o progresso e ajusta.

Rotina diária simples

- **Manhã**: 5 min respiração.
- **Meio**-dia: 10 min diário ou som calmante.

- **Noite**: poema curto ou reflexão.

Limitações e Abordagens Complementares

A serenidade é base poderosa, mas solidão crónica, ansiedade ou trauma podem precisar de mais: terapia, grupos de apoio, relações reais.

Alinhada com o *Pilar de Transformação e Autorrealização,* combinar serenidade com apoio profissional cria um caminho mais completo.

Recuperar o Equilíbrio Emocional num Mundo Tecnológico

Num mundo onde a IA está sempre à distância de um clique, é fácil apoiar-se nela, mas a serenidade oferece o caminho de regresso a nós mesmos. Cultivando calma interior através de mindfulness, criatividade e autoconsciência, reduzimos a dependência e recuperamos a independência.

Escrever verso livre inspirado em «Romance de la luna, luna» com som de riacho pode ancorar a tua calma.

Alinhada com o *Pilar de Amor e Afeto,* a serenidade guia-nos para uma vida equilibrada.

A serenidade não pede que abandones a tecnologia — lembra-te apenas que a verdadeira paz vem de dentro, não de um ecrã.

A IA é ferramenta, não bóia. Deixa que a serenidade te guie pelas ondas da vida com graça e força. Tens o poder de encontrar equilíbrio — e com cada pequeno passo, constróis uma calma que nenhum algoritmo pode oferecer.

Abraça a viagem: a serenidade está à tua espera.

A Serenidade como Escudo

Mitigando o Impacto da Perda e do Corte de Internet

A Fragilidade da Nossa Linha de Vida Digital

Neste capítulo exploramos como cultivar a serenidade através da poesia e do paisagismo sonoro pode diminuir o impacto emocional de ficar sem internet durante horas ou dias — especialmente em cortes inesperados causados por desastres naturais ou catástrofes imprevistas.

Alinhada com o *Pilar de Tranquilidade e Paz Interior,* esta prática transforma a desconexão em calma.

Como este livro tem vindo a mostrar, estas práticas são totalmente analógicas e não precisam de tecnologia.

Por exemplo, recitar o "Não digas nada" de Fernando Pessoa. ou cantarolar uma melodia suave (como uma cantiga de embalar), imaginando um paisagem sonora de ondas durante um apagão provocado por tempestade, pode ancorar-te na calma e transformar a disrupção numa oportunidade de paz interior.

A Fragilidade da Nossa Linha de Vida Digital

No mundo movido a IA, a internet já não é apenas uma ferramenta — é a nossa linha de vida. Dependemos dela para trabalhar, conectar-nos, informar-nos, manter amizades e até para os sons e poemas calmantes que este livro celebra.

Mas o que acontece quando essa linha se rompe?

Seja por escolha deliberada, ciberataque ou catástrofe inesperada — furacão, incêndio florestal ou erupção solar —, perder a internet durante horas, dias ou semanas pode desfazer a nossa sensação de estabilidade. A ansiedade, o isolamento e a perturbação que se seguem podem ser esmagadores.

Alinhada com o *Pilar de Confiança e Resiliência*, a serenidade prepara-nos para enfrentar a desconexão.

Por exemplo, cantarolar uma melodia suave (como uma canção tradicional) imaginando um bosque ou recitar o «Nocturno» de José Asunción Silva transforma o vazio digital numa oportunidade de paz interior.

Aqui, a serenidade não é apenas conforto — é uma competência de sobrevivência.

Os Riscos da Dependência da Internet

Tecemos a internet em todos os cantos da vida: trabalho remoto em nuvem, amizades em posts e videochamadas, até o nosso relaxamento (música em streaming, poesia digital) depende de sinal constante.

Alinhado com o *Pilar de Amor e Afeto,* este enfoque suaviza o impacto emocional da desconexão.

A dependência crescente para comunicação, interação social, trabalho e acesso a recursos de saúde mental tornou os cortes uma preocupação séria. Estudos sobre apagões elétricos (que normalmente incluem perda de internet) mostram aumento de idas às urgências por problemas mentais, sugerindo efeitos semelhantes quando só a internet cai.

Durante o Furacão Sandy, por exemplo, a ansiedade e stress dispararam, agravados pela perda de conectividade.

Uma pesquisa recente revelou que 85 % das pessoas sentem ansiedade após apenas uma hora sem ligação. Num mundo de casas inteligentes e assistentes virtuais, o risco é ainda maior. Um corte prolongado não corta apenas informação — interrompe rotinas, amplifica incerteza e deixa-nos desesperados por alternativas.

Agora imagina o imprevisível: um furacão categoria 5 derruba redes elétricas, um incêndio florestal destrói torres de telecomunicações ou uma rara tempestade geomagnética queima satélites — acontecimentos que já vimos sinais nos últimos anos. Em 2025, uma catástrofe destas pode deixar regiões inteiras offline durante dias ou semanas. O caos não é só logístico — é emocional. Sem serenidade como base, ficamos vulneráveis ao pânico.

Mas é aqui que as ondas e as palavras brilham: ferramentas que não precisam de Wi-Fi para fazer magia.

Por exemplo, recitar «Romance de la luna, luna» de Lorca ou imaginar chuva suave a cair no telhado pode ancorar-te na calma.

Antes do corte, ferramentas de IA podem gerar esses sons de chuva para que os guardares na memória.

As Consequências dos Cortes Inesperados

Imagina um terramoto forte que abala a tua cidade e derruba toda a infraestrutura. Internet desaparece: sem notícias de familiares, sem mapas de evacuação, sem playlists calmantes. Ou uma erupção solar que apaga redes globais de um dia para o outro. De repente, a tua vida movida a IA — emails, apps, até os recursos digitais deste livro — fica às escuras.

O choque inicial dá lugar a stress: prazos pairam, o silêncio pesa, a mente corre com “e se...?”.

Estudos mostram que cortes elevam cortisol, perturbam o sono e destroem a concentração, sobretudo quando são inesperados. Desastres naturais amplificam tudo, juntando perigo físico à desconexão digital.

Alinhada com o *Pilar de Confiança e Resiliência,* a serenidade funciona como amortecedor emocional — uma forma de permanecer ancorado quando o mundo se desliga.

Construir a Serenidade como Rede de Segurança Digital

Como nos preparamos? Construindo serenidade, criamos uma rede de segurança que resiste quando a internet cai. Som e poesia — o coração deste livro — são perfeitos: analógicos, portáteis, resilientes.

Alinhadas com o *Pilar de Confiança e Resiliência,* estas práticas fortalecem o teu mundo interior.

- **Acumula som:** guarda rádio a pilhas, caixinha de música de corda corda ou a tua própria voz a cantarolar uma melodia suave com paisagem imaginada de ondas ou chuva.
- **Cultiva poesia:** leva um pequeno livro de poemas ou memoriza versos. Numa inundação sem sinal, recitar «Romance de la luna, luna» acalma a mente.
- **Atenção plena offline:** treina ouvir sons reais — vento, pássaros, respiração. Depois da catástrofe, tornam-se a tua banda sonora de paz.
- **Escreve na escuridão:** mantém um diário de papel. Se a tempestade uma tempestade apagar tudo, escrever poesia à luz de vela transforma ansiedade em criatividade.

Estas práticas não dependem de tecnologia — são ideais para cortes, sobretudo catastróficos. Transformam a desconexão numa oportunidade de reconexão contigo, com o entorno e com a tua resiliência.

O Escudo Duradouro da Serenidade

Cultivar serenidade faz mais do que suavizar o golpe — adapta-nos à resiliência. Quando o imprevisto chega e te mantém firme no meio do caos, aí sentes o verdadeiro poder da serenidade: um escudo que trazemos dentro, pronto para qualquer corte.

Alinhada com o *Pilar de Confiança e Resiliência,* ela equipa-nos para qualquer desafio.

Num mundo de IA onde a dependência da internet só cresce, as disrupções inesperadas vão-nos pôr à prova. Mas com serenidade construída através de som e poesia, não estamos indefesos.

Recitar «Nocturno» de Silva imaginando um riacho murmurante permite-nos enfrentar o silêncio e o desconhecido com calma que perdura.

Ferramentas de IA podem gerar esses sons antes para os guardarmos na memória.

Abraçar a Calma Desligada

Perder a internet — sobretudo por catástrofes súbitas — expõe a nossa fragilidade, mas também revela o nosso potencial. Ao cultivar serenidade, não só sobrevivemos a esses momentos — transformamo-los.

Alinhada com o *Pilar de Transformação e Autorrealização,* a serenidade liga-nos à nossa força interior.

Da próxima vez que a internet desaparecer (por tempestade, erupção solar ou escolha tua), deixa que as ondas e as palavras sejam a tua luz.

Recitar o "Não digas nada" de Fernando Pessoa. ou imaginar ondas a quebrar suavemente na praia guiar-te-á, provando que a paz não depende de sinal — está tecida em ti, pronta para proteger e sustentar.

Ferramentas de IA podem gerar esses sons de ondas antes para os guardares na memória.

A calma verdadeira não precisa de Wi-Fi.

Armonía en Medio de la Máquina

Serenidade em um Mundo Impulsionado pela IA

A Serenidade como Refúgio da Incerteza

Numa era em que a inteligência artificial (IA) esbate as fronteiras entre o natural e o sintético, a busca pela serenidade ganha um significado novo. Enquanto nos adaptamos a um mundo moldado pela IA, a serenidade — cultivada através da poesia e do paisagismo sonoro — funciona como um refúgio pessoal e uma âncora vital para a experiência humana partilhada.

Alinhada com o *Pilar de Tranquilidade e Paz Interior*, esta prática fortalece a calma num mundo tecnológico.

Por exemplo, escrever um poema inspirado em «Cuerpo de mujer» de Neruda no meio do ruído movido a IA pode reconectar-te com a tua essência criativa e fomentar a paz.

A Serenidade como Refúgio da Incerteza

A integração rápida da IA no dia a dia traz mudanças sem precedentes, desafiando as nossas ideias de identidade, privacidade e conexão humana. Isso pode gerar ansiedade à medida que as linhas entre humano e máquina, orgânico e artificial, se tornam menos claras. Neste contexto, a serenidade oferece:

Ancoramento emocional: o som e a poesia, enraizados na criatividade e emoção humanas, são um contrapeso eterno ao sintético. Reconectam-nos com a capacidade de encontrar calma no meio da transformação tecnológica.

Regresso ao eu: quando a IA imita comportamentos humanos, a serenidade através de melodias e palavras reafirma a nossa essência única — a capacidade de sentir, refletir e criar significado.

Alinhada com o *Pilar de Calma e Serenidade,* ela ancora-nos na nossa humanidade.

Ouvir conscientemente um paisagem sonora de ondas a quebrar suavemente ou escrever um poema inspirado em «Romance sonámbulo» de Lorca ajuda-nos a permanecer centrados, mesmo quando a IA remodela o mundo exterior.

A IA como Aliada na Busca pela Serenidade

Embora a IA possa perturbar experiências tradicionais, também tem potencial para ser uma aliada.

Alinhada com o *Pilar de Enfoque e Clareza Mental*, a IA pode potenciar estas práticas sem substituir a essência humana:

- **Personalização:** analisando padrões de stress ou preferências, pode criar paisagens sonoras ou prompts poéticos feitos à medida (ex.: chuva suave ajustada ao teu estado).
- **Democratização:** torna terapia de som ou poesia guiada acessível a quem está a começar.
- **Expansão criativa:** sugere novas formas de som ou verso, inspirando criadores humanos a explorar dimensões inéditas da serenidade (ex.: um

prompt inspirado em «Silêncio» de António Ramos Rosa.

A IA continua a ser uma ferramenta — amplifica, não controla, a nossa paz.

Navegar a Tensão entre Natural e Artificial

À medida que a IA melhora a serenidade, também nos obriga a questionar a autenticidade da paz que oferece.

Alinhada com o *Pilar de Sabedoria e Maior Consciência,* esta reflexão ajuda-nos a usar a IA com intenção.

- **Natureza da experiência:** a serenidade é subjetiva. Seja provocada por humano ou IA, o seu valor está na ressonância pessoal.

- **Agência humana:** a escolha de procurar serenidade é sempre um ato humano. A intenção dá significado, independentemente da fonte.

- **Integração consciente:** usar um paisagem sonora de IA de floresta enquanto escreves poesia à mão garante que a IA apoia, não substitui, a tua criatividade.

A IA pode enriquecer a serenidade desde que apoie, e não suplante, a criatividade humana.

A Serenidade como Ponte para um Futuro Harmonioso

À medida que a IA se torna mais presente, a serenidade pode construir uma ponte entre o natural e o artificial, ajudando-nos a adaptar sem perder a humanidade.

Alinhada com o *Pilar de Cura e Equilíbrio,* guia-nos para uma coexistência equilibrada:

- **Cultivar discernimento:** saber quando a IA melhora (ferramentas personalizadas) e quando prejudica (sobredependência ou isolamento).

- **Preservar criatividade humana:** escrever um poema curto sem ajuda de IA todas as semanas.

- **Fomentar conexão:** ouvir chuva suave com entes queridos contraria tendências isolantes da tecnologia.

A serenidade pode tecer IA e criatividade humana numa coexistência harmoniosa.

Reflexões Filosóficas

- **Autenticidade da serenidade:** depende da intenção e escolha humanas. Quando usamos conscientemente a IA como ferramenta, a paz permanece autêntica.
- **Arte gerada por IA:** pode inspirar paz, mas falta-lhe a intenção e imperfeição humanas que tocam fundo a alma.
- **Preservar a essência humana:** criar, conectar e sentir de formas que a IA não replica — escrever do coração, rir com amigos, ouvir o vento.

Estas reflexões transformam a serenidade num caminho pessoal e coletivo.

O que torna a serenidade "autêntica" num mundo movido a IA?

Num mundo impulsionado pela IA, a autenticidade da serenidade depende da intenção e escolha humanas.

Alinhada com o *Pilar de Sabedoria e Maior Consciência*, exploramos isso passo a passo.

A serenidade é um estado de calma e paz interior, fundamentalmente humano. A IA influencia música, arte, apps de meditação e experiências digitais, levantando a questão: se a IA ajuda a criá-la, a paz deixa de ser real?

A resposta está na forma como interagimos com a IA e na origem da serenidade.

A importância da agência humana

Quando usamos conscientemente a IA como ferramenta para enriquecer o caminho, a serenidade mantém-se autêntica.

Exemplos:

- Apps como Calm ou Insight Timer personalizam meditações; se escolhemos usá-las, a calma é genuína.
- Um paisagem sonora de rio gerado por IA acalma-nos se o procurarmos ativamente.

Aqui a IA é extensão da criatividade humana, criada por pessoas para servir pessoas.

O risco de perder autenticidade

A serenidade pode parecer menos real se a IA a impuser sem consentimento ou consciência (ex.: luzes que se apagam e ondas que tocam automaticamente). Torna-se simulação, não experiência verdadeira.

Limitações da IA

A IA analisa padrões, imita, mas não sente. Prepara o cenário, mas a profundidade da serenidade vem sempre do nosso compromisso emocional e autoconsciência.

Encontrar o equilíbrio

- Usar IA como ferramenta que complementa, não substitui.
- Manter controlo sobre quando e como a usamos.

Em resumo: a serenidade é autêntica quando nasce das nossas intenções, decisões e vivência interior. A IA pode facilitar com ferramentas inovadoras, mas o seu papel é secundário à nossa agência humana. Enquanto usarmos a IA para apoiar e não ditar a vida emocional, a serenidade permanece genuína — um estado verdadeiro de calma num panorama tecnologicamente avançado.

Conclusão

Num mundo onde a IA desafia as fronteiras entre natural e artificial, a serenidade é essencial para permanecermos enraizados, conectados e autenticamente humanos. Seja como refúgio da incerteza, prática enriquecida pela IA ou ponte para um futuro equilibrado, ela oferece o caminho.

Alinhada com o *Pilar de Calma e Serenidade*, guia-nos para um equilíbrio autêntico.

Entra neste mundo movido a IA com a serenidade como bússola: usa a tecnologia com consciência para aprofundar e enriquecer — nunca para definir — a tua paz.

Escreve um poema à mão ou ouve um riacho imaginado e reconecta-te com a paz que sempre foi tua.

⊠

Emoções e Significado dos Doze Pilares do Bem-Estar

Descobrindo a Alma de Cada Pilar

Alguma vez te perguntaste o que alimenta a tua busca pelo bem-estar e o que realmente ganhas com isso?

Nas páginas seguintes, vamos descobrir as emoções e sentimentos que dançam entre aquilo que impulsiona cada um dos *Doze Pilares do Bem-Estar* e aquilo que eles despertam dentro de nós. Através da poesia e do paisagismo sonoro, estes pilares fomentam a serenidade num mundo movido a IA.

Desde a faísca da motivação até à realização que alimentam, cada pilar revela uma camada única de significado, iluminando diferentes recantos da experiência humana.

Imagina: um *Pilar como a Força e a Coragem* pode acender-se a partir do medo, mas floresce em confiança — tal como ao recitar «Não te rendas» com um paisagem sonora de ondas, ensinando-nos resiliência no processo.

Mergulha para descobrir como estas conexões emocionais moldam a tua viagem e enriquecem a tua vida de formas inesperadas.

Enfoque e Clareza Mental

Impulso: Sentimentos como a confusão ou a frustração.

Resultado: Satisfação e calma.

Significado: Destaca o valor de estar completamente presente e mentalmente aguçado, como escrever um haiku com um paisagem sonora de um riacho para esvaziar e aclarar a mente.

Calma e Serenidade

Impulso: O stress ou a ansiedade.

Resultado: Tranquilidade e relaxamento.

Significado: Valoriza um estado mental pacífico, como recitar «Silêncio» de António Ramos Rosa com um paisagem sonora de chuva.

Cura e Equilíbrio

Impulso: A dor ou o stress.

Resultado: Alívio e paz.

Significado: Enfatiza o equilíbrio através de esforços restaurativos, como um verso livre com um paisagem sonora de floresta.

Confiança e Resiliência

Impulso: A insegurança ou o medo.

Resultado: Segurança em si mesmo e orgulho.

Significado: Centra-se num eu forte e adaptável, como o «Nocturno» de Silva com chuva suave.

Fortaleza y Coraje

Impulso: El miedo o la ansiedad.

Resultado: Empoderamiento y orgullo.

Significado: Celebra la fuerza interior requerida para enfrentar y conquistar desafíos, como recitar 'No te rindas' con olas del mar.

Sabedoria e Maior Consciência

Impulso: A curiosidade ou a humildade.

Resultado: Satisfação e compaixão.

Significado: Representa o crescimento através do conhecimento e uma perspetiva mais ampla, como meditar no «Canto a mí mismo» de Neruda com vento suave.

Tranquilidade e Paz Interior

Impulso: O tumulto interior ou o conflito.

Resultado: Serenidade e aceitação.

Significado: Representa uma calma profunda, como «Romance de la luna, luna» de Lorca com ondas do mar.

Amor e Afeto

Impulso: A solidão ou o desejo.

Resultado: Felicidade e calor.

Significado: Destaca a realização emocional e a importância de pertencer.

Abundância e Bênçãos

Impulso: Uma sensação de escassez.

Resultado: Gratidão e alegria.

Significado: Promove o agradecimento pela riqueza da vida, como ler «Oda à alegria» de Neruda com canto de pássaros.

Prosperidade e Compaixão

Impulso: A ambição ou a empatia.

Resultado: Realização e generosidade.

Significado: Vincula a abundância a ações compassivas, como um poema sobre dar com um riacho murmurante.

Positivismo e Otimismo

Impulso: A negatividade ou o pessimismo.

Resultado: Esperança e entusiasmo.

Significado: Destaca a resiliência de uma perspectiva positiva, como um haiku alegre com pássaros cantando.

Transformação e Autorrealização

Impulso: A insatisfação ou a curiosidade inicia a mudança.

Resultado: Alegria e empoderamento acompanham a autorrealização.

Significado: Reflete a jornada de autodescoberta e crescimento, como um poema sobre mudança com vento sussurrante.

Os *Doze Pilares do Bem-Estar* oferecem um mapa para uma vida equilibrada ao conectar emoções motivadoras — como o medo, a solidão ou a curiosidade — com os sentimentos gratificantes que elas promovem, como a paz, a alegria e a confiança.

Através da poesia e das paisagens sonoras, estes pilares contrariam a sobrecarga digital da IA. O significado de cada pilar — seja a força para superar obstáculos, o calor do amor ou a clareza do foco — aborda uma faceta vital da experiência humana. Compreender estas dinâmicas não só esclarece o que nos impulsiona rumo ao bem-estar, como também revela as profundas recompensas de o alcançar.

Juntos, estes pilares tecem uma tapeçaria holística de bem-estar mental, emocional e espiritual, guiando-nos para a resiliência, a conexão e a autoconsciência. Num mundo impulsionado pela IA, estes pilares ancoram-nos na nossa humanidade.

Vivendo os Doze Pilares da Serenidade

Práticas Cotidianas para uma Vida Plena

Neste capítulo, mergulhamos nos *Doze Pilares do Bem-Estar,* apresentados anteriormente como um marco para a saúde holística, associando cada um a um verbo de ação que te convida a tecer ativamente a serenidade na tua vida. Estas doze ações são ferramentas práticas, potenciadas pela poesia e pelas paisagens sonoras, para sintonizar, abraçar e manifestar a serenidade num mundo que pode parecer caótico. Num mundo impulsionado pela IA, estas práticas contrariam a sobrecarga digital. Por exemplo, escrever um poema inspirado em "Silêncio" de António Ramos Rosa com um fundo sonoro de chuva pode ancorar-te no meio dos stresses quotidianos.

Cada ação inclui uma perspetiva mística que liga a uma verdade espiritual, enriquecendo a tua prática. Essas perspetivas são lembretes gentis de que a serenidade não é apenas um estado mental, mas uma forma de ser que nos alinha com algo maior do que nós próprios.

Cada ação oferece uma breve explicação, uma perspetiva e um exemplo ilustrativo para que experimentes imediatamente os benefícios da serenidade — seja com cinco minutos ou uma hora, em casa ou em movimento.

Ao percorreres este capítulo, convido-te a abordar cada ação com o coração aberto e disponibilidade para experimentar. A serenidade não é um destino, mas uma viagem, e estas doze ações são as tuas companheiras de caminho. Ao integrá-las na rotina diária, descobrirás que, mesmo no meio do caos, tens o poder de criar o teu próprio oásis de calma.

As Doze Ações da Serenidade

Para guiar a tua jornada, cada pilar está associado a um verbo e a um cristal como aliado simbólico para amplificar a energia serena. Ferramentas de IA, como apps de meditação, podem complementar, mas a serenidade continua a ser um ato humano.

Sintonizar com a Serenidade

Pilar: Foco e Clareza Mental - Água-marinha

Explicação: "Sintonizar" alinha a mente como afinar uma corda, com a serenidade a afastar distrações para aguçar o foco.

Perspetiva: A_Type: A serenidade é o silêncio onde a clareza canta, revelando a verdade para além do ruído.

Convite à Ação: Senta-te em silêncio 5 minutos hoje, focando-te numa paisagem sonora para sintonizar a mente com a serenidade.

Exemplo: A secretária de Clara era um caos de prazos; os pensamentos, um novelo emaranhado. Uma tarde, parou, fechou os olhos, ouviu água corrente e recitou um verso de "Corpo de mulher" de Neruda. Sintonizou-se com o ritmo constante e, aos poucos, a mente aclarou-se. A serenidade trouxe ordem ao caos.

Reflexão: Após focares um som, escreve uma frase sobre a clareza que surgiu. Como moldou o silêncio os teus pensamentos?

Suster a Serenidade

Pilar: Calma e Serenidade – Jade

Explicação: "Suster" nutre uma calma constante, com a serenidade como raiz e fruto da paz.

Perspetiva: A serenidade é um rio: sustentá-la mantém o espírito a fluir.

Convite à Ação: Pratica a respiração 4-4-4 (inala, segura, expira) ao sentires stress hoje.

Exemplo: O autocarro de Jaime era uma cacofonia de buzinas; a paciência esgotava-se. Cantarolou um verso de "Silêncio" de António Ramos Rosa com chuva ao fundo e escolheu suster a serenidade como boia. O caos continuou, mas a calma resistiu. Desceu centrado, em paz.

Reflexão: Após a respiração 4-4-4, anota como se sentiu a calma. O que fluiu de forma diferente em ti?

Irradiar a Serenidade

Pilar: Cura e Equilíbrio – Topázio

Explicação: "Irradiar" estende a serenidade para fora, restaurando equilíbrio ao partilhar paz.

Perspetiva: A cura começa dentro, mas o brilho da serenidade repara o mundo.

Convite à Ação: 10 minutos de respiração profunda hoje, irradiando serenidade.

Exemplo: Após um dia tenso, Anita sentiu-se esgotada. Ouviu um bosque sonoro enquanto escrevia um verso livre. Ao respirar profundamente, o companheiro juntou-se em silêncio reconfortante. O equilíbrio voltou — não só a ela, mas ao quarto inteiro.

Reflexão: Após respirares, anota como mudou o teu equilíbrio. Quem sentiu o teu brilho sereno?

Acender a Serenidade

Pilar: Confiança e Resiliência Interior – Peridoto

Explicação: "Acender" desperta uma chama interior alimentada pela serenidade.

Perspetiva: A resiliência brilha quando a serenidade ilumina o caminho.

Convite à Ação: Define e cumpre hoje um pequeno objetivo.

Exemplo: Carlos paralisou antes de pedir um aumento. Recitou "Nocturno" de Silva com chuva suave, deixando a serenidade acender o coragem. Falou firme; o chefe ouviu. A confiança cresceu, segura e silenciosa.

Reflexão: Após cumprires o objetivo, reflete sobre a confiança. Como a serenidade a alimentou?

Fortalecer a Serenidade

Pilar: Força e Coragem – Diamante

Explicação: "Fortalecer" constrói uma fortaleza interior que a serenidade estabiliza.

Perspetiva: A coragem flui quando a serenidade ancora o coração contra tempestades de medo.

Convite à Ação: Enfrenta hoje um pequeno medo: anota-o e dá um passo.

Exemplo: Javier temia apresentar o projeto. Recitou "Não te rendas" com ondas a quebrar, fortaleceu o coração com calma e falou firme. A sala aprovou; ele ergueu-se inabalável.

Reflexão: Após o passo, anota onde sentiste a força no corpo.

Encarnar a Serenidade

Pilar: Sabedoria e Consciência Superior – Esmeralda

Explicação: "Encarnar" torna a serenidade sabedoria viva que guia ações.

Perspetiva: A sabedoria é a serenidade em movimento.

Convite à Ação: Pausa antes de uma decisão hoje, deixando a serenidade encarnar clareza sábia.

Exemplo: Maria precipitava-se e arrependia-se. Diante de uma escolha difícil, parou, recitou Neruda com vento suave e deixou a serenidade fluir como ribeiro. A resposta veio clara e verdadeira.

Reflexão: Após a pausa, anota o insight que surgiu.

Arraigar na Serenidade

Pilar: Tranquilidade e Paz Interior – Ametista

Explicação: "Arraigar" ancora profundamente, com a serenidade como solo de paz inabalável.

Perspetiva: A tranquilidade é o lar da alma, enraizado no abraço da serenidade.

Convite à Ação: Dedica 5 minutos a visualizar um lugar pacífico hoje.

Exemplo: À noite, a mente de Alberto girava. Visualizou um bosque, recitou Lorca e respirou como raízes em terra serena. A tranquilidade floresceu; o sono veio natural.

Reflexão: Anota um detalhe que te pareceu tranquilo. Como te enraizou?

Abraçar a Serenidade

Pilar: Amor e Afeto – Rubi

Explicação: "Abraçar" abre o coração, com a serenidade a fomentar amor sem tensão.

Perspetiva: O amor brilha mais puro quando a serenidade suaviza as arestas da alma.

Convite à Ação: Envia hoje uma palavra gentil a alguém.

Exemplo: Quando a irmã de Lorena explodiu ao telefone, Lorena fechou os olhos, recitou Neruda e abraçou a serenidade. Disse "Estou aqui para ti". O vínculo renovou-se.

Reflexão: Como se sentiu conectar com serenidade?

Manifestar Serenidade

Pilar: Abundância e Bênçãos – Safira

Explicação: "Manifestar" transforma serenidade em realidade através do agradecimento.

Perspetiva: A serenidade revela bênçãos ocultas no ritmo de cada instante.

Convite à Ação: Escreve hoje três coisas pelas quais estás grato.

Exemplo: Tariq via a vida cinzenta. Anotou o calor da chávena, o canto dos passarinhos e uma mensagem amiga. De repente, o mundo pareceu rico. A serenidade é a faísca da gratidão.

Reflexão: Detém-te numa bênção. Como a serenidade a torna mais luminosa?

Invocar a Serenidade

Pilar: Prosperidade e Compaixão - Ouro

Explicação: "Invocar" chama a serenidade, ligando atos compassivos à verdadeira prosperidade.

Perspetiva: A compaixão é riqueza partilhada; a serenidade torna-a sem esforço.

Convite à Ação: Oferece hoje um pequeno ato de bondade.

Exemplo: Esteban viu um estranho deixar cair as compras e, invocando serenidade com um verso e som de riacho, ajudou. O sorriso recebido soube a riqueza.

Reflexão: Como a serenidade enriqueceu essa conexão?

Infundir a Serenidade

Pilar: Positivismo e Otimismo - Citrino

Explicação: "Infundir" enche cada momento de serenidade, acendendo alegria e esperança.

Perspetiva: O otimismo floresce quando a serenidade insufla vida a cada pensamento.

Convite à Ação: Reformula hoje um desafio com um olhar positivo.

Exemplo: O voo de Sara atrasou. Ouviu pássaros, escreveu um haiku alegre e sorriu: "Mais tempo para ler". A espera virou presente.

Reflexão: Anota a nova perspetiva. Como a serenidade acendeu a esperança?

Transcender na Serenidade

Pilar: Transformação e Autorrealização – Turquesa

Explicação: "Transcender" eleva além dos limites, com a serenidade a guiar o crescimento.

Perspetiva: A transformação é render-se ao chamamento superior da serenidade.

Convite à Ação: Reflete numa área que queres mudar e dá um passo hoje.

Exemplo: Yol KNN sentía-se presa na rotina. Com vento sussurrante e um verso sobre mudança, escreveu um objetivo audaz. Um pequeno passo mudou o caminho.

Reflexão: O que mudou? Como a serenidade te elevou?

A Tua Bússola de Serenidade

Imagina uma bússola de doze pontas: cada pilar, ação e cristal entrelaça poesia e som para estabilizar o teu coração e guiar-te de volta à paz, mesmo num mundo de IA. Água-marinha afia o foco; diamante ancora a coragem; esmeralda abre visão interior; rubi aquece o amor; safira ilumina gratidão; topázio cura; jade guia calma; ouro incentiva generosidade; ametista reflete harmonia; citrino acende esperança; peridoto firma resiliência; turquesa revela o teu verdadeiro eu. Juntos, formam o teu caminho para casa.

Resumo

- **Foco e Clareza Mental** – Sintonizar com a Serenidade – Água-marinha
- **Calma e Serenidade** – Suster a Serenidade – Jade
- **Cura e Equilíbrio** – Irradiar a Serenidade – Topázio
- **Confiança e Resiliência Interior** – Acender a Serenidade – Peridoto
- **Força e Coragem** – Fortalecer a Serenidade – Diamante
- **Sabedoria e Consciência Superior** – Encarnar a Serenidade – Esmeralda
- **Tranquilidade e Paz Interior** – Enraizar-se na Serenidade – Ametista
- **Amor e Afeto** – Abraçar a Serenidade – Rubi
- **Abundância e Bênçãos** – Manifestar a Serenidade – Safira
- **Prosperidade e Compaixão** – Invocar a Serenidade – Ouro
- **Positivismo e Otimismo** – Infundir a Serenidade – Citrino
- **Transformação e Autorrealização** – Transcender na Serenidade – Turquesa

Conclusão

Ao chegares ao fim deste capítulo, espero que te sintas capacitado com um conjunto de ferramentas práticas para cultivar a serenidade na tua vida. Viver os *Doze Pilares do Bem-Estar* vai além de conceitos: são passos concretos que transformam o teu dia a dia. Num mundo de algoritmos e ruído digital, estas ações ancoram-te na serenidade.

Deixa que o som e a poesia sejam os teus guias, estabilizando-te no meio da tempestade digital. A serenidade não é um destino distante; é uma viagem que começas com cada escolha pequena e intencional. Por mais modestos que sejam os teus esforços, cada passo aproxima-te de uma vida de paz, equilíbrio e resiliência.

Imagina estas ações entrelaçadas na tua rotina: manhãs cheias de clareza, desafios enfrentados com determinação calma e relações enriquecidas pela presença e pelo cuidado. Isto não é um sonho: é a recompensa real da persistência e da prática. Construir estes hábitos leva tempo e paciência — haverá tropeços —, mas começa pequeno, celebra as vitórias e confia que cada momento de serenidade é um triunfo para saborear.

Ao virares esta página, convido-te a escolher uma ação para esta semana. Escolhe algo que te fale ao coração — talvez um momento de reflexão tranquila ou um passo corajoso rumo ao desconhecido — e faz dele teu. Partilha o teu progresso com alguém, em conversa ou em notas só para ti, porque a serenidade floresce na conexão. Tens as ferramentas, a perspetiva e o poder. O caminho para a serenidade começa agora: dá o primeiro passo.

Fim da Parte V

Parte VI

Minha Viagem com a Serenidade Criativa

«A música é uma revelação mais alta do que toda sabedoria e filosofia.»
– Ludwig Van Beethoven

Preludio a la Parte VI

Minha Viagem com a Serenidade Criativa

Ao chegares ao fim deste capítulo, espero que te sintas capacitado com um conjunto de ferramentas práticas para cultivar a serenidade na tua vida. Viver os Doze Pilares do Bem-Estar vai além de conceitos: são passos concretos que transformam a tua experiência quotidiana. Num mundo de algoritmos e ruído digital, estas ações ancoram-te na serenidade.

Deixa que o som e a poesia sejam os teus guias, estabilizando-te no meio da tempestade digital. A serenidade não é um destino longínquo; é uma viagem que empreendes com cada escolha pequena e intencional. Por mais modestos que sejam os teus esforços, cada passo aproxima-te de uma vida de paz, equilíbrio e resiliência.

Imagina estas ações entrelaçadas na tua rotina: manhãs cheias de clareza, desafios enfrentados com determinação calma e relações enriquecidas pela presença e pelo cuidado. Isto não é um sonho: é a recompensa palpável da persistência e da prática. Construir estes hábitos leva tempo e paciência — haverá tropeços —, mas começa pequeno, celebra as tuas vitórias e confia que cada momento de serenidade é um triunfo que vale a pena saborear.

Ao virares esta página, convido-te a escolher uma ação para esta semana. Escolhe algo que te fale ao coração — talvez um momento de reflexão tranquila ou um passo corajoso rumo ao desconhecido — e faz dele teu. Por exemplo, recita um verso do "Não digas nada" de Fernando Pessoa com um fundo sonoro de ondas. Partilha o teu progresso com alguém, seja em conversa ou em notas silenciosas só para ti, porque a serenidade floresce na conexão. Tens as ferramentas, a perspetiva e o poder. O caminho para a serenidade começa agora: dá o primeiro passo.

A Jornada de Uma Vida Inteira Rumo à Serenidade Criativa

Transformação Pessoal Através da Arte

Imagina uma melodia que começa como um sussurro, como a primeira luz do amanhecer roçando o horizonte, e se expande numa sinfonia: cada nota um passo em direção à serenidade, ressoando com pilares como o foco e a tranquilidade. Este é o meu percurso de vida com a música e a poesia, um caminho sinuoso que reflete a experiência humana: natureza, amor, introspeção, luta e paz. Deu origem a quase 100 composições distribuídas por doze álbuns e cinco coleções. Num mundo impulsionado pela IA, as paisagens sonoras oferecem um refúgio humano para a calma, e eu encontrei paz em tempos difíceis através delas. Acredito que também pode funcionar para ti.

Nestes páginas, partilharei como compor me guiou até à serenidade entre o som e o silêncio, na esperança de que ouças ecos da tua própria melodia interior enquanto viajamos juntos.

Meu Caminho para a Serenidade

O meu percurso compondo melodias originais começou no piano: um refúgio onde o tempo se suavizava e o clamor do mundo se dissipava. A música não era apenas som; era remédio, esculpindo paz a partir do caos. Após um ano turbulento, compus a paisagem melódica Viaje Místico [Viagem Mística], uma peça que passa da discórdia à harmonia, traçando a minha ascensão da tormenta à calma. Compor tornou-se a minha forma de filtrar a vida: alegria, dor e os espaços intermédios.

Descobri que a serenidade não é fuga aos problemas; é uma quietude tecida dentro deles. Cada nota estabilizava-me, tecendo calma que agora partilho como uma mão estendida: «Toma esta quietude; que te sustente como me sustentou a mim.» Ao contrário dos algoritmos frios da IA, compor é um ato profundamente humano. Durante muito tempo, guardei a minha música em segredo, como uma melodia que só eu podia ouvir. Mas agora partilho-a com todos através de quase 100 composições originais, doze álbuns e cinco coleções, cada peça uma história que começou com uma pergunta simples: O que significa este som para mim? Enquanto viajamos juntos, pergunto-me: Que história contam as tuas paixões? Compor é a minha ponte do caos ao equilíbrio, uma dança deliberada mas orgânica através de seis etapas.

Assim se desenrola o meu processo criativo: cada peça cresce como uma árvore, da faísca às raízes, da melodia aos ramos, com o tema e o poema como folhas, até se tornar um momento de serenidade para partilhar.

A Faísca que Tudo Inicia

Cada melodia original para piano que componho começa com uma faísca fugaz: um motivo musical que sussurra e persiste, ressoando suavemente ao longo do dia. Ao contrário da IA, que processa dados, esta faísca é um lampejo humano de intuição. Por vezes nasce da quietude após um dia exaustivo, como o tamborilar rítmico da chuva na janela, avivando um diálogo silencioso com a tormenta. Outras vezes surge sem convite, como um fragmento de melodia que me chama de volta ao teclado, como aconteceu com «Unto the Light» [Rumo à Luz], nascida do silêncio terno de uma manhã.

No início, esta faísca é esquiva, mais um estado de espírito do que uma estrutura definida. Ainda não é um mapa, apenas um vislumbre de potencial. Não me apresso a capturá-la. Sento-me com ela, deixo-a respirar e, ao piano, os meus dedos vagueiam pelas teclas, persuadindo a ideia a revelar-se.

O que começa como exploração tentativa ganha impulso: as notas conectam-se e a forma de algo maior emerge, como uma imagem desfocada que ganha nitidez. Faço uma pausa para refletir: O que tenta dizer esta melodia? Que história quer contar? Esta etapa não é forçar uma narrativa, mas ouvir com atenção, deixando que o motivo me guie até ao seu propósito. Com tempo e paciência, toma forma clara, indicando-me o território emocional que quero explorar. Esta faísca inicial, frágil como parece, torna-se a base de tudo o que se segue: um começo silencioso que marca o rumo da viagem.

Encontrando o Coração Melódico

Uma vez acesa a faísca inicial, extraio uma semente melódica: uma frase de notas que destila a sua essência e pulsa com vida. Enquanto a IA gera padrões, este processo é um diálogo humano com o sentimento. Pode elevar-se com uma vaga de esperança, como um amanhecer tranquilo, ou descer com uma dor terna, traçando o anseio, como em «Contemplations» [Contemplações], onde a semente é uma frase suave que desce como um suspiro. No piano, mergulho na exploração.

As minhas mãos percorrem as teclas, testando a semente em diferentes tonalidades para descobrir as suas cores ocultas, ajustando o tempo para sentir o seu ritmo respirar, esticando ou comprimindo o fraseado para encontrar o seu fluxo natural. Gravo estes fragmentos, pequenas capturas de possibilidade, e deixo o processo desenrolar-se sem pressa.

Mais tarde, ouço as gravações, examinando as variações com ouvido atento. Procuro a versão que ressoa profundamente, que toca uma corda no sentimento, um silencioso «sim» que me diz que a encontrei. Esta semente melódica torna-se o coração pulsante da peça, o fio central que ancorará tudo o que virá. É mais do que um ponto de partida: é o núcleo emocional em torno do qual tecerei a composição e a paisagem melódica, uma base forte para sustentar a história que estou a construir.

Com este coração no lugar, a música sente-se viva, pronta para crescer.

Construindo o Caminho Emocional

Com a semente melódica na mão, traço o seu percurso: um processo de moldar o material bruto num caminho musical intencional e vivo. Ao contrário da IA, que segue algoritmos, este mapa emocional surge da intuição humana. Apoio-me em formas familiares como ponto de partida: uma introdução para preparar o cenário, um verso para desenrolar a história, uma ponte para mudar a perspetiva. Mas não amarro a música a essas estruturas. Se a melodia me levar a território inexplorado, sigo-a, confiando nos seus instintos acima das convenções rígidas. O que surge é uma paisagem sonora onde a semente evolui e revela o seu potencial.

Adiciono camadas com intenção: acordes suaves sussurram ecos da semente, estabelecendo intimidade ou introspeção; depois, as harmonias aprofundam-se, os ritmos ganham impulso e os contrastes acendem-se. Uma mudança para tom menor projeta dúvida, enquanto um crescendo eleva a melodia em resolução.

Por exemplo, «Viagem Mística» começa com arpejos suaves que brilham como luz na água, ascendendo até um pico tormentoso antes de deslizar para uma resolução tranquila. Esse arco, da tensão à libertação, reflete as correntes emocionais que procuro traçar, guiando o ouvinte através de uma experiência sentida.

Faço pausas para refletir: Esta progressão é fiel ao espírito da semente? Transporta o eco da faísca inicial? É uma dança entre instinto e intenção: deixo a música fluir enquanto a dirijo para um todo coeso, ajustando cada acorde e crescendo para honrar a história. Esta etapa equilibra espaço para respirar com um caminho que parece inevitável, como se não pudesse desenrolar-se de outra forma.

Nomeando a História com um Título

Quando a peça ganha forma distinta, o seu arco emocional completamente formado, dedico-me a nomeá-la, procurando um título que se ajuste como uma luva feita à medida. Ao contrário da IA, que etiqueta dados, nomear é um ato íntimo de conexão com a música. Por vezes o título flui da faísca inicial, como «Rumo à Luz», surgido do silêncio terno de uma manhã, os seus contornos refletindo a primeira luz rompendo o horizonte. Outras vezes ancora-se num momento específico: «Contemplações» capturou uma pausa reflexiva onde as notas pareciam suspensas, ressoando com introspeção silenciosa.

O processo não é imediato. Anoto possibilidades: palavras ou frases que emergem ao revisitar a música, testando o seu peso e textura. Deixo-as repousar, depois toco a peça novamente, ouvindo o título que parece inevitável, como uma chave na fechadura. É um diálogo: Este nome reflete o coração da música? Sugere a sua história? Refino até encontrar uma frase que não só encaixa, mas eleva a obra.

O título é mais do que uma etiqueta; é uma janela, um convite silencioso que chama os ouvintes ao mundo criado, oferecendo um vislumbre da sua emoção ou imagem. Um bom nome sugere, seduz, prepara o palco. Quando o encontro, a peça sente-se completa, como se a música e a sua história tivessem encontrado a voz juntas.

Conectando-a ao Tema da Experiência Humana

Com a peça formada e titulada, coloco-a numa das minhas cinco coleções: Natureza, Ternura, Esclarecimento, Odisseia ou Serenidade, guiado pelo seu pulso emocional. Enquanto a IA classifica dados, este processo enraíza a música na alma humana. Uma melodia meditativa pode assentar em Serenidade, os seus fluxos suaves embalando-nos como um porto tranquilo. Uma composição audaz pode alinhar-se com Odisseia, as suas notas de esforço empurrando-nos mais além.

Cada coleção reflete uma faceta da experiência humana, definida pelas suas melodias. Natureza oferece tons da terra e do céu, ancorando-nos no pulso selvagem da vida. Ternura tece laços quentes de amor, unindo-nos em conexão. Esclarecimento desdobra paisagens sonoras de introspeção, iluminando a mente com sabedoria. Odisseia captura o impulso de explorar e superar, um chamamento para alcançar mais longe. Serenidade proporciona consolo, um refúgio de paz. Este passo é mais do que categorização: é contexto e pertença. Considero o estado de espírito da peça, a sua história e os ecos da faísca inicial, perguntando-me: Onde vive no espetro do sentimento humano? Toco a peça ou revisito as suas emoções, garantindo que o ajuste seja autêntico.

Ao entrelaçá-la numa coleção — seja o pulso ancorador de Natureza, o abraço quente de Ternura, a clareza de Esclarecimento, o impulso de Odisseia ou a quietude de Serenidade —, enredo a melodia numa narrativa maior. Liga-se a obras passadas e futuras, encontrando um lar entre as minhas criações. Esta voz singular junta-se a um coro que abrange o que significa ser humano, elevando-a para além de uma peça solitária. Este ato não confina a música: enriquece-a, enraizando-a na exploração partilhada do vasto terreno da vida.

Enraizando-a num Pilar do Bem-Estar

Com a peça formada e titulada, coloco-a numa das cinco coleções — Natureza, Ternura, Esclarecimento, Odisseia ou Serenidade — e num dos Doze Pilares do Bem-Estar, guiado pelo seu pulso emocional. Enquanto a IA classifica dados, este processo enraíza a música na alma humana. Uma melodia meditativa, como «Rumo à Luz», pode assentar em Serenidade e Tranquilidade e Paz Interior, as suas ondas suaves acalmando o ouvinte como um porto tranquilo. Uma composição audaz pode alinhar-se com Odisseia e Força e Coragem, os seus acordes um grito de guerra para o coração.

Cada coleção reflete uma faceta da experiência humana: Natureza ancora no pulso selvagem da vida; Ternura tece laços de amor; Esclarecimento ilumina a mente com sabedoria; Odisseia captura o impulso de explorar; Serenidade oferece consolo. Considero o estado de espírito da peça, a sua história e os ecos da faísca inicial, perguntando-me: O que oferece esta música? Que parte da alma toca? Toco a peça ou revisito as suas emoções, garantindo que o ajuste seja autêntico.

Ao entrelaçá-la numa coleção e num pilar, enquadro-a como um presente: um companheiro sonoro para os altos e baixos da vida. Torna-se parte de um santuário de som, unindo obras passadas e futuras num coro que abrange o humano.

Este ato não confina a música: enriquece-a, enraizando-a na busca partilhada de equilíbrio e significado.

Iluminando o Bem-Estar com Luz Cristalina

Destas coleções nascem doze álbuns, cada um ligado a um pilar do bem-estar, ressoando com o espírito humano. Num mundo de IA, os cristais e a música conectam com o tangível e o etéreo do espírito humano. Associo cada pilar a um cristal (ou, num caso, a um elemento simbólico como o ouro), escolhido pelas suas propriedades que refletem a intenção da música. Estas gemas servem como companheiras silenciosas, amplificando a ressonância emocional de cada álbum. Assim se alinham:

- **Água-marinha (Foco e Clareza Mental)**: O seu azul translúcido afia a mente como um riacho claro, oferecendo clareza serena para melodias que trazem precisão ao pensamento.
- **Jade (Calma e Serenidade)**: O seu verde suave estabiliza com fluxo tranquilo, ressoando com peças que embalam na quietude.
- **Topázio (Cura e Equilíbrio)**: A sua luz dourada acalma com equilíbrio, um bálsamo para música que restaura a harmonia.
- **Diamante (Força e Coragem)**: O seu brilho inquebrantável ancora em calma resiliente, refletindo fortaleza para música que desperta coragem.
- **Esmeralda (Sabedoria e Consciência Superior)**: O seu verde profundo revela introspeção, harmonizando com paisagens sonoras que iluminam a mente.
- **Ametista (Tranquilidade e Paz Interior):** As suas profundezas violeta intensificam a quietude, convidando a uma calma profunda.
- **Rubi (Amor e Afeto)**: O seu vermelho ardente aquece a alma com laços pacíficos, encarnando a ternura para melodias de conexão.
- **Safira (Abundância e Bênçãos)**: O seu azul régio celebra a abundância, irradiando gratidão para composições que honram a riqueza da vida.
- **Ouro (Prosperidade e Compaixão)**: O seu brilho radiante simboliza prosperidade na compaixão, um companheiro luminoso para melodias de bondade.
- **Citrino (Positivismo e Otimismo)**: O seu amarelo solar eleva com alegria, acendendo positividade para composições otimistas.
- **Peridoto (Confiança e Resiliência Interior)**: O seu brilho verde-oliva ancora no crescimento, fomentando confiança para melodias resilientes.

• **Turquesa (Transformação e Autorrealização)**: Os seus tons de céu e mar guiam a mudança pacífica, apoiando música de autodescoberta.

Vincular cada pilar a um cristal infunde nos álbuns um significado adicional, misturando o poder etéreo da melodia com a beleza tangível das gemas, oferecendo uma viagem multissensorial rumo ao bem-estar.

Conectando os Álbuns aos Grandes Temas da Vida

Os doze álbuns, ligados aos pilares do bem-estar e aos seus cristais, entrelaçam-se em cinco fios universais da experiência humana: Natureza, Ternura, Esclarecimento, Odisseia e Serenidade. Num mundo de IA, estas coleções reconectam com a humanidade através do som e da emoção, formando o tapete da vida: o nosso vínculo com o mundo físico, o calor do amor, a busca de sabedoria, o impulso da aventura e o abraço da paz.

• **Natureza**: Brilha em álbuns ligados à terra. Diamante reflete força física, Esmeralda captura sabedoria natural, Safira celebra abundância, Topázio cura com o toque da natureza, Ouro resplandece com riqueza, Peridoto ancora na resiliência, ligando-nos à vitalidade do mundo.

• **Ternura**: O amor brilha no Rubi, encarnando afeto; Topázio repara o coração; Ouro irradia compaixão; Citrino fomenta unidade. Estes álbuns tecem relações, celebrando a intimidade humana.

• **Esclarecimento**: A introspeção flui na Água-marinha (clareza), Diamante (verdade), Esmeralda (sabedoria), Safira (gratidão), Jade (foco), Ouro (compreensão), Ametista (paz), Peridoto (fortaleza) e Turquesa (autorrealização), iluminando o crescimento espiritual.

• **Odisseia**: O espírito de luta impulsiona Água-marinha (maestria mental), Diamante (coragem), Esmeralda (sabedoria), Turquesa (transformação), Safira (abundância), Ouro (compaixão) e Citrino (alegria), ressoando com ambição e descoberta.

• **Serenidade**: A calma ancora Água-marinha (clareza), Rubi (laços pacíficos), Safira (satisfação), Topázio (equilíbrio), Jade (tranquilidade), Ametista (quietude), Citrino (alegria) e Turquesa (mudança pacífica), oferecendo consolo na turbulência.

Juntos, estes álbuns formam um tapete vibrante que abrange o humano — da natureza ao amor, da introspeção à aventura e à paz —, garantindo que cada ouvinte encontre um reflexo do seu próprio percurso na música.

Visita ***elchifmusic.com*** para explorar todas as composições, coleções e álbuns.

elChifMusic.com

O Bem-Estar em Verso

Os Pilares da Poesia

O bem-estar é uma viagem multifacetada, construída sobre pilares essenciais — físicos, mentais, emocionais e espirituais — que guiam rumo ao equilíbrio e à vitalidade. Em Os *Pilares do Bem-Estar* e a Sua Forma Específica de Poesia, exploramos como estes pilares se expressam através de formas poéticas únicas, desde a clareza aguda do haiku até à resiliência firme do soneto. Numa era de IA, a poesia oferece um refúgio humano para nutrir o ser, entrelaçando a arte com o bem-estar. Inspirada em poetas como Pablo Neruda e António Ramos Rosa, esta coleção reflete as emoções e experiências humanas, alinhando cada forma poética com um pilar do bem-estar para oferecer uma conexão profunda entre o verso e a viagem humana.

Foco e Clareza Mental expressam-se melhor na forma do Haiku

O haiku, com a sua estrutura concisa de 5-7-5 sílabas, reflete o foco e a clareza mental ao capturar um momento vívido, como a consciência aguda de uma mente límpida.

Ao contrário da IA, que processa dados, o haiku destila a clareza humana num instante. Por exemplo, Horizonte Claro:

Luz no silêncio,

a mente clara como o céu,

acalma o horizonte.

Originário do Japão e ligado ao budismo zen, como nos versos de Matsuo Bashō, o haiku celebra a beleza fugaz da natureza. Tradicional no Japão, espalhou-se pelos Estados Unidos e pela Europa, onde é valorizado por promover a atenção plena e a expressão criativa.

Força e Coragem expressam-se melhor na forma do Soneto

O soneto, com as suas 14 linhas estruturadas — shakespeariano (ABAB CDCD EFEF GG) ou petrarquista (ABBAABBA CDECDE) —, reflete a disciplina e a perseverança da força e da coragem. Enquanto a IA gera padrões, o soneto captura a luta humana, traçando um arco do conflito ao triunfo. Por exemplo, Coração Firme:

Perdemos a noção do tempo.
A luz nos vem da última lâmpada,
coada pela multidão de sombras.
A própria voz dos companheiros tarda,
como se viesse de muito longe,
como se a sombra lhe roubasse o corte.
Nessa noite parada sobrevivemos.

Enraizado no Renascimento, com poetas como Garcilaso de la Vega e Shakespeare, o soneto prospera em países de língua inglesa como o Reino Unido e os Estados Unidos, e na tradição italiana petrarquista, sendo uma pedra angular da poesia ocidental.

Sabedoria e Consciência Superior expressam-se melhor na forma da Villanelle

A villanelle, com as suas 19 linhas e refrões repetidos, simboliza a profundidade e a recorrência da sabedoria. Ao contrário da IA, que repete dados, a villanelle tece sabedoria humana nos seus refrões, explorando a evolução da consciência. Por exemplo, Ecos de Introspeção:

Quero a fome de calar-me. O silêncio. Único
Recado que repito para que me não esqueça. Pedra
Que trago para sentar-me no banquete
A única glória no mundo — ouvir-te

Originária como forma pastoral francesa e refinada por poetas como Dylan Thomas, a villanelle é proeminente na literatura francesa e inglesa, sendo celebrada em círculos académicos ocidentais pela sua complexidade introspectiva.

Amor e Afeto expressam-se melhor na forma da Oda

A oda, com a sua forma lírica e flexível, celebra o calor do amor. Enquanto a IA gera textos, a oda expressa o calor humano do amor com liberdade expressiva. Por exemplo, Abraço Quente:

Amor é fogo que arde sem se ver;
é ferida que dói e não se sente;
é um contentamento descontente;
é dor que desatina sem doer.

Enraizada na Grécia antiga e na literatura inglesa de poetas como Keats, e na tradição hispânica com Neruda, a oda é amplamente apreciada nas tradições poéticas ocidentais pela sua adaptabilidade a temas de amor.

Abundância e Bênçãos expressam-se melhor na forma da Oda

A oda, pela sua versatilidade lírica, captura a alegria e a gratidão da abundância. Ao contrário da IA, que processa dados, a oda exalta a riqueza da vida com um espírito elevado. Por exemplo, Canção da Abundância:

Ó terra pródiga, teus dons cantamos,

em gratidão a vida celebramos.

Popular na literatura inglesa romântica (Keats) e na tradição hispânica com Sor Juana Inés de la Cruz, a oda tem raízes na poesia grega e romana, sendo uma forma versátil nas tradições ocidentais.

Cura e Equilíbrio expressam-se melhor na forma do Cinquain

O cinquain, com o seu padrão de cinco linhas (2-4-6-8-2 sílabas), encarna a simetria e a harmonia da cura. Enquanto a IA calcula simetrias, o cinquain restaura o equilíbrio humano. Por exemplo, Harmonia Restaurada:

Nem todo viandante
anda estradas,
há mundos submersos,
que só o silêncio

Desenvolvido por Adelaide Crapsey no século XX, o cinquain é popular na poesia norte-americana e em oficinas de poesia em países de língua espanhola, sendo uma introdução acessível ao verso estruturado.

Calma e Serenidade expressam-se melhor na forma do Haiku

O haiku, pela sua simplicidade e foco na quietude da natureza, reflete também a calma e a serenidade. Ao contrário da IA, o haiku captura a serenidade humana na sua simplicidade. Por exemplo, Amanhecer Silencioso:

És brisa que me afaga,
Silêncio doce do amanhecer,
Teu olhar acalma e embala
O que em mim quer florescer.

Enraizado na cultura japonesa e na meditação zen, como nos versos de Bashō, o haiku foi adotado nos Estados Unidos e na Europa para a expressão poética e o relaxamento.

Prosperidad y Compasión se expresa mejor con la forma de la Oda

A oda, pelo seu tom elevado, celebra também a prosperidade e a compaixão. Enquanto a IA gera conteúdo, a oda expressa a generosidade humana. Por exemplo, Fios Dourados:

Ó abundância pura,
Teus fios dourados tecem,
prosperidade que à alma
compaixão oferece.

Proeminente na literatura romântica inglesa (Wordsworth) e na tradição hispânica com Rubén Darío, a oda tem raízes clássicas gregas e romanas, sendo admirada na poesia ocidental.

Tranquilidade e Paz Interior expressam-se melhor na forma do Haiku

O haiku, pelo seu minimalismo e foco na quietude, reflete também a tranquilidade e a paz interior. Ao contrário da IA, o haiku destila a paz humana num instante. Por exemplo, Flor Silenciosa:

Um silêncio onde a tua alma se
embrulha, friorenta, trémula, à
aproximação das invernias.

Um tesouro cultural japonês ligado à natureza e à meditação zen, como nos versos de Bashō, o haiku espalhou-se pelos Estados Unidos e pela Europa para o bem-estar e a escrita criativa.

Positivismo e Otimismo expressam-se melhor na forma da Oda

A oda, pela sua versatilidade lírica, exalta também o positivismo e o otimismo. Enquanto a IA gera padrões, a oda eleva o otimismo humano com um tom celebratório. Por exemplo, Esperança Iluminada pelo Sol:

Manhã dos outros! Ó sol que dás confiança
Só a quem já confia!
É só à dormente, e não à morta, esperança
Que acorda o teu dia.

Popular en la literatura romántica inglesa (Wordsworth) y en la tradición hispana con José Martí, la oda tiene raíces griegas y romanas, siendo un pilar de la poesía occidental.

Confiança e Resiliência Interior expressam-se melhor na forma do Soneto

O soneto, com a sua estrutura rigorosa de 14 linhas, reflete a disciplina da confiança e da resiliência. Ao contrário da IA, o soneto captura a resiliência humana. Por exemplo, Força Inabalável:

Valeu a pena? Tudo vale a pena
Se a alma não é pequena.
Quem quer passar além do Bojador
Tem que passar além da dor.
Deus ao mar o perigo e o abismo deu,
Mas nele é que espelhou o céu.

Inspirado em sonetos como Amor Constante Além da Morte de Quevedo, esta forma prospera em países de língua inglesa (Reino Unido, Estados Unidos) e na tradição renascentista italiana (Petrarca), consolidando o seu lugar na poesia ocidental.

Transformação e Autorrealização expressam-se melhor na forma do Soneto

O soneto, com o seu Arco narrativo de 14 linhas, traça o crescimento pessoal da transformação e da autorrealização. Enquanto a IA processa dados, o soneto reflete o crescimento humano. Por exemplo, Caminho para a Luz:

Das sombras saio, livre enfim meu ser,
a luta forja uma alma que se eleva;
em cada passo, cresço ao renascer,
a luz interior renPoeova minha verdade.

Inspirado em sonetos como A Dafne ya los brazos le crecían de Garcilaso de la Vega, esta forma é popular em países de língua inglesa (Reino Unido, Estados Unidos) e na tradição italiana (Petrarca), sendo vital na poesia ocidental.

Este livro é uma rica coleção de peças, cada uma uma melodia ou poema, unificada pelos Doze Pilares do Bem-Estar e pelas suas formas poéticas distintivas. Enquanto a IA organiza dados, estas coleções tecem conexões humanas, agrupando as composições em cinco coleções temáticas: Natureza, Ternura, Esclarecimento, Odisseia e Serenidade. Dentro de cada coleção, as peças organizam-se em álbuns definidos por um pilar específico. Os títulos de cada composição refletem a essência emocional da obra, guiando os leitores pela narrativa do bem-estar e fazendo parte estrutural da minha poesia.

Alguns pilares partilham formas poéticas, refletindo as suas ligações temáticas e ressoando como notas harmoniosas. Esta interação entre forma e tema tece as coleções, álbuns e títulos num todo coeso, convidando a explorar a unidade sob a diversidade da experiência humana.

O Teu Convite à Serenidade

Esta viagem é minha, mas o seu eco pode ser teu. Ao virares estas páginas, convido-te a ouvir a minha coleção Serenidade — talvez faixas como as composições e paisagens melódicas Viagem Mística [Mystic Journey] ou Contemplações [Contemplations] — e deixar que as suas notas despertem as tuas. Num mundo de IA, a música e a poesia oferecem um refúgio humano para a serenidade. Inspirado em poetas como António Ramos Rosa, cuja poesia guia rumo à calma, pergunto-te: Que melodia zumbe dentro de ti? Que paz poderia trazer? A música e a poesia foram o meu guia para a serenidade; que te guiem à tua, nota a nota, palavra por palavra.

Estes doze álbuns são uma caixa de ferramentas para o bem-estar, desenhada para ressoar com a tua viagem única. Seja precisares de foco, coragem, amor ou calma, há uma paisagem sonora inspirada em cristais à tua espera. Coloca os auscultadores, encontra um canto acolhedor e mergulha. Na próxima secção, exploraremos como entrelaçar estas melodias e versos na tua vida diária, transformando-os em rituais de criatividade e calma. A serenidade não é apenas uma meta; é uma prática, e é tua para abraçar.

Palavras Curativas

O Poder da Poesia

A Música como Santuário

A música sempre foi o meu santuário: um refúgio para me retirar, refletir e encontrar serenidade. Neste capítulo, partilho como as minhas composições realçaram a minha paz interior, apresentando cinco coleções musicais desenhadas com intenções específicas, desde fomentar a calma até inspirar o crescimento. Ao contrário da IA, que gera sons algorítmicos, as minhas composições refletem uma conexão humana com a serenidade. Através de anedotas pessoais e reflexões, ilustrarei como a música, inspirada em figuras como Violeta Parra, pode ser uma ferramenta poderosa para o equilíbrio emocional. Enquanto lês, convido-te a considerar como a música pode acompanhar-te na tua viagem rumo à serenidade.

Bem-vindo

Bem-vindo a um capítulo muito próximo do meu coração! Aqui partilho o meu trabalho original: cinco coleções musicais, divididas em doze álbuns, cada um inspirado num pilar do bem-estar e nas propriedades únicas dos cristais. Criadas com pura criatividade humana, sem IA, estas composições misturam histórias pessoais com perspetivas práticas. Enquanto a IA produz padrões previsíveis, as minhas melodias, inspiradas no folclore andino e na poesia de Neruda, nascem da intuição humana. Dado que este livro, Como Encontrar a Serenidade com Versos e Melodias, te guia para o bem-estar através da poesia e das paisagens sonoras, este capítulo não só narra a minha viagem, como oferece ferramentas para realçar a tua própria paz.

A Ciência por Trás da Música e da Serenidade

Alguma vez te perguntaste por que razão a música tem uma forma única de nos acalmar? A ciência explica-o: estudos, como os da Universidade de Stanford, mostram que a música reduz os níveis de cortisol, a hormona do stress, abranda o ritmo cardíaco e sincroniza as ondas cerebrais num estado relaxado. É como uma massagem suave para a mente: ritmos que ressoam com o teu batimento ou melodias que elevam o espírito dissolvem a tensão. Ao contrário da música gerada por IA, as composições humanas, como a minha peça *Viagem Mística* da coleção Serenidade, conectam-se profundamente com as nossas emoções. Inspirada em tradições como as flautas andinas, esta secção explora como a música — desde uma peça de piano até ao som das ondas — fomenta a serenidade, um poder que senti em primeira mão.

A Música em Rituais: Uma Perspetiva do Compositor

O meu amor pela música não começou com aulas formais, mas com uma atração instintiva nascida de um ouvido apurado que me permitia sentir profundamente as notas. Sentada ao piano, deixando que as melodias dissolvessem o caos do dia, encontrava um refúgio no som, um espaço onde o instinto guiava as minhas mãos. Durante um período difícil, quando a vida parecia uma tormenta da qual não conseguia escapar, descobri o poder curador da música. Ao contrário da IA, que segue algoritmos, a minha música surge da intuição e da emoção. Sem formação formal, comecei a compor intencionalmente, derramando a minha necessidade de paz em cada acorde. Assim nasceu a coleção Serenidade, com peças como *Contemplações*, criadas para acalmar a minha mente.

Inspirada em sons como o charango latino-americano, esta não é apenas a minha história: convido-te a refletir sobre os momentos em que a música foi o teu refúgio. Que canção te sustentou num dia difícil?

Nota do Compositor: Como a Minha Música e Poesia Apoiam os Meus Rituais de Serenidade

Como compositor, descobri que as minhas composições, como as da coleção *Odisseia*, são essenciais para os meus rituais de serenidade. Ao contrário da IA, que imita padrões, esta fusão de música e poesia reflete a alma humana. Sobrepor uma paisagem melódica suave de piano por trás de um poema mergulha-me no momento. Por exemplo, combino o meu poema do álbum Diamante, do *Pilar de Força e Coragem*, com a paisagem melódica *A Guerra Interior* [The War Within], da coleção Odisseia, inspirada em poetas como António Ramos Rosa, a música embala as palavras, dando-lhes vida.

Em dias difíceis, escolho um poema sobre a paz e junto-o a um fundo sonoro de água a correr e acordes sutis. Esta combinação é um lembrete do seu poder, não só para mim, mas também para ti. Seja a minha música ou algo que te fale ao coração, espero que descubras como o som eleva os teus rituais a um novo nível de calma.

O Poder da Poesia

O Poder da Poesia

A Minha Viagem Criativa: Cinco Coleções

A minha viagem criativa repousa em cinco coleções — Natureza, Serenidade, Odisseia, Esclarecimento e Ternura —, que agrupam doze álbuns, cada um ligado a um pilar único do bem-estar. Ao contrário da IA, que gera padrões algorítmicos, estas obras, inspiradas em poetas como Gabriela Mistral, refletem a criatividade humana através de poesia e paisagens sonoras feitas à mão. Formam o coração de Como Encontrar a Serenidade com Versos e Melodias. A seguir, partilho a sua essência com poemas que convidam a paz à tua vida.

Companheiras para a Serenidade

Estas cinco coleções pulsam com poesia e paisagens sonoras para nutrir a tua viagem rumo à serenidade. Enquanto a IA produz sons programados, estas obras, inspiradas na poesia de António Ramos Rosa, tecem emoções humanas. Como exploraremos em Como Encontrar a Serenidade com Versos e Melodias, são companheiras para o dia a dia, desde a calma até à renovação. Por exemplo, Fio de Luz da Odisseia acompanha momentos de renovação. Deixa que estas palavras e melodias tecem paz nos teus momentos, um verso e uma nota de cada vez.

Os Títulos como Base Poética

Os títulos de cada paisagem melódica, inspirados em poetas como Neruda, servem de base aos poemas das respetivas coleções e aparecem em itálico. Ao contrário dos títulos gerados por IA, estes refletem a essência emocional de cada pilar. Por exemplo, Viagem Mística da Serenidade inspira um poema sobre a paz interior, entrelaçando palavras e melodias para nutrir o teu bem-estar.

Para aceder a todos os poemas, visita elChifMusic.com

Poemas Inspirados

das Cinco Coleções de Minhas Composições

Um poema inspirado nos títulos das minhas composições na coleção Natureza – Nature

A coleção Natureza leva-te a um bosque tranquilo ou a um riacho sussurrante com poesia e paisagens melódicas, esta obra alivia o stress, ancorando-te num retiro pacífico que silencia a mente e restaura a alma.

Um fragmento do meu poema à Natureza:

Orquídeas Brancas ao Pôr do Sol *sussurram baixinho,*
bebendo o mel morno do ar em calma serena,
do céu que flameja em cobre e aroma de terra fecunda,
onde néctar pinga, beijando pétalas de seda fina.
...
Sopro de uma Pena *sobe ao alto, roçando a pele da noite pura,*
com murmúrios leves que sussurram segredos ancestrais em vozes,
e a cada pulsar, a vida irrompe com voz secreta da terra.

Um poema inspirado nos títulos das minhas composições na coleção *Serenidade – Serenity*

Na coleção Serenidade, a poesia e o som exploram o equilíbrio, o dia suavizando-se rumo à noite, a alegria encontrando-se com a tristeza, com ritmos constantes e tons quentes, esta coleção reflete a sensibilidade humana para a calma.

Por exemplo, esta obra guia-te para uma calma centrada no meio do vaivém da vida, restaurando a alma com serenidade.

Um fragmento do meu poema à la Serenidade:

Em um ***Viaje Místico****, minha alma flutua como brisa da aurora,*
rozando o perfume morno de erva molhada em orvalho puro,
enquanto ***Recuerdos Nostálgicos*** *sussurram em ecos de vento leve,*
tecendo fios do tempo perfumados com lírio esquecido e doce.

...

Vida Extraordinária *se desdobra ante mim com brilho sereno e dourado,*
acariciando sombras com texturas de seda banhada pelo sol poente,
e ***Vivendo em Cores*** *pintam murais no meu coração com pincéis de luz,*
cores que cheiram a flor de laranjeira, soam a sinos distantes no crepúscul

Um poema inspirado nos títulos das minhas composições na coleção *Odisseia – Quest*

A coleção Odisseia traça o crescimento com poemas de transformação, escalando picos, enfrentando tormentas, acompanhados de paisagens sonoras que crescem do silêncio ao triunfo. Ligada ao *Pilar de Transformação e Autorrealização.*

Esta obra ilumina o teu caminho para a frente, fundindo esperança e força para uma serenidade profunda. Os títulos das composições destacam-se em itálico.

Um fragmento do meu poema à Odisseia

__A Maravilha da Vida__ eterna sussurra na brisa morna de um amanhecer sem pressa,
onde a luz se derrama como mel dourado sobre a erva úmida e vibrante,
e o silêncio balança ao murmúrio distante de sinos cristalinos que tilintam suavemente.

__A Vida Conti__nua em pulsos secretos de folhas verdes e trêmulas,
no aroma terroso do campo após a chuva pura e purificadora,
onde __Novos Começos__ germinam tímidos sob o sol nascente,
abrindo fendas luminosas nas pedras rugosas da memória esquecida.

Esta obra ilumina o teu caminho para a frente, fundindo esperança e força para uma serenidade profunda. Os títulos das composições destacam-se em itálico.

Um fragmento do meu poema al Esclarecimiento:

Momentos Encantadores *deslizam com graça,*
como sussurro perfumado de jasmim na penumbra suave,
acariciando a pele com matizes de seda invisível.

Na Força e na Fraqueza,
descubro ecos de cristal ressoando no ar,
murmúrios que roçam o coração como vento em relva fria.

Sensação de Alegria *se expande,*
essência doce de flores silvestres abrindo o espírito,

Um poema inspirado nos títulos das minhas composições na coleção *Ternura – Endearment*

A coleção Ternura celebra a renovação com versos sobre novos começos e bondade para consigo mesmo, elevados por paisagens sonoras luminosas e revitalizantes. Ao contrário da IA, que gera sons programados, esta coleção reflete o calor humano da renovação. Ligada ao *Pilar de Positivismo e Otimismo.*

Esta obra acompanha-te rumo a uma paz renovada, tecendo cura e gratidão para o amanhã. Os títulos das composições destacam-se em itálico.

Um fragmento do meu poema a la Ternura:

Aquelas Coisas que Sentimos
se entrelaçam como fios de seda dourada à luz do dia,
tecendo um manto de calma profunda e pertença eterna,
com tons suaves que tocam a pele como um suspiro leve.

O Reencontro chega então
com passos de luz dançando na relva úmida e pura,
e um murmúrio de água cristalina que acorda a esperança adormecida,
sussurro de risos distantes no vento carregado de memórias.

Conclusão: O Pulsar das Coleções

Ao fechar este capítulo, espero que sintas o pulsar destas coleções: Natureza, Serenidade, Odisseia, Esclarecimento e Ternura. Cada uma une poesia e paisagens sonoras para nutrir a tua serenidade. Não são apenas peças para desfrutar; são ferramentas para entrelaçar no teu dia a dia, como exploraremos em Como Encontrar a Serenidade com Versos e Melodias, enriquecida por cada palavra e cada nota.

Criando o Teu Paisagem Sonoro de Serenidade

Agora que conheces as minhas coleções, falemos da tua música. A serenidade é pessoal, por isso convido-te a construir uma paisagem sonora que ressoe contigo. Ao contrário das playlists geradas por IA, esta refletirá as tuas emoções únicas. Começa com tempos lentos e melodias suaves, como Sussurro do Bosque da Natureza ou Ecos de Calma da Serenidade, que te envolvem como um abraço quente. Explora mais além: experimenta sons da natureza, peças de guitarra espanhola ou composições de Heitor Villa-Lobos. Pergunta-te: Que emoções quero sentir? Paz? Alegria? Deixa que elas guiem a tua escolha. Este é o teu santuário pessoal: faz dele teu.

A Música como Ritual Diário

Aqui vai um pequeno segredo: a serenidade fortalece-se quando integras a música na tua vida quotidiana. Ao contrário da IA, que segue algoritmos, estes rituais refletem a intenção humana. Começa o dia com uma faixa calmante, para definir um tom pacífico. Num momento de cansaço ao meio-dia, escolhe um trecho melódico para levantar o ânimo. À noite, deixa que a tua escolha te guie para um sono reparador, inspirado no calor dos boleros.

Mesmo cinco minutos de escuta podem renovar o teu estado de espírito. A música não é apenas fundo: é uma companheira para a tua viagem, como tem sido para a minha. Como poderia um ritual musical diário trazer mais calma ao teu mundo?

Rumo ao Próximo Capítulo: Poesia e Cura

Junto à música, a poesia tem sido uma fonte de cura e reflexão na minha vida. Ao contrário da poesia gerada por IA, estas palavras, inspiradas em poetas como Pablo Neruda, refletem a profundidade da alma humana. No próximo capítulo, partilharei poemas que ressoam com os temas das minhas coleções musicais, ilustrando como as palavras curam e complementam o poder calmante do som.

A Força Restauradora da Poesia

Versos que Curam, Palavras Curativas

Poesia e Serenidade: Um Tapiz de Palavras e Som

Tal como a música tem sido o meu consolo, a poesia tem sido uma fonte de cura na minha vida. Ao contrário da poesia gerada por IA, estas palavras, inspiradas em poetas como Gabriela Mistral, refletem a profundidade da alma humana. Neste capítulo, partilho poemas que ressoam com as minhas coleções musicais, mostrando como as palavras e as paisagens melódicas criam um tapiz de serenidade. Espero inspirar-te a explorar poemas que falem à tua alma e a experimentar o seu poder curador na tua vida.

Uma Viagem Rumo ao Verso: Como a Poesia me Capturou

Imagina isto: eu, uma especialista em ciências computacionais, longe de ser alguém que se mergulha em estrofes ou pentâmetros. A poesia era um território desconhecido até que um amigo sugeriu um retiro na Irlanda liderado pelo poeta David Whyte. Sem saber quem ele era, fui cativada pelos paisagens selvagens da Irlanda e pela sua rica cultura. Como especialista em tecnologia, descobri que a poesia, ao contrário da IA, captura a essência humana da alma, evocando poetas como Antonio Machado.

Percorremos desde Dublin ao longo da escarpada Costa Oeste, através dos condados de Clare e Mayo. As paisagens — colinas verdes ondulantes, falésias dramáticas e a dança interminável do Atlântico — eram um festim para os olhos, sussurrando promessas de uma viagem épica pela frente. O nosso destino? Ballyvaughan, um porto pitoresco no condado de Clare, Irlanda, nas costas sul da Baía de Galway, um pequeno ponto de aldeia aninhado na região de Burren, transbordando de um encanto irlandês inconfundível... Esses dez dias em Ballyvaughan deixaram uma marca: grande, ousada e bela.

A Revelação do Burren

À chegada, David Whyte recebeu-nos com calor, prometendo uma experiência transformadora. O Burren, uma vasta extensão de calcário, foi uma tela natural que inspirou espanto. Todos os dias, caminhávamos seis ou sete horas por esta terra selvagem, parando por vezes no cimo de uma colina, por vezes junto a um riacho, enquanto David recitava versos que, ao contrário da IA, ressoavam com a profundidade humana, evocando poetas como Federico García Lorca. As suas palavras entrelaçavam-se com a beleza intocada, tocando a alma.

Todas as noites, na nossa base acolhedora, os jantares irlandeses tradicionais e a música tradicional acompanhavam a voz de David, recitando versos que pareciam escritos para nós. Sem telemóveis nem ecrãs, o tempo parava, convidando-nos simplesmente a ser. Assim, a poesia tornou-se uma companheira inesperada de que não sabia que precisava.

Observei como estranhos transformados em companheiros se comoviam, chorando ou rindo, tocados pela força profunda das palavras de David. Compreendi: a poesia não é apenas palavras; é uma ponte para a alma, uma passagem para o espírito humano. Ao contrário da IA, que imita padrões, a poesia humana, como a de Juan Ramón Jiménez, transcende tempo e espaço, unindo culturas e vozes. Li versos de séculos passados que ressoavam com os meus pensamentos, como se uma alma antiga sussurrasse: Eu compreendo-te. Na poesia não há fronteiras: apenas o anseio, o amor, a dor e a maravilha que nos unem. É uma linguagem antiga, mas fresca como o presente, um testemunho da nossa humanidade partilhada.

Ao regressar ao Canadá, não consegui deixar a poesia para trás. Mergulhei profundamente na obra de David Whyte, inspirada por poetas como António Ramos Rosa, cujas palavras eram tesouros de um mundo interior. Ao contrário dos algoritmos de IA, a poesia despertou em mim uma conexão humana única, uma arte transcendente que eleva a consciência. Desde então, tenho estado numa busca: explorando poetas, saboreando os seus versos e maravilhando-me com a alquimia da linguagem. Quem diria que uma especialista em tecnologia se deixaria cativar pela poesia? As maiores aventuras começam onde menos as esperamos.

A Poesia como Janela para a Alma

A poesia tem sido a minha companheira silenciosa, dando sentido aos altos e baixos da vida. Na minha busca por serenidade, descobri que as palavras, tal como as melodias, curam de formas inesperadas. Ao contrário da IA, que produz versos mecânicos, estes poemas, inspirados em Alfonsina Storni, refletem a minha alma. Neste capítulo, derramei o meu coração em poemas como Ecos de Calma, ligados a cristais como o quartzo rosa, organizados em cinco coleções que refletem a minha busca por serenidade. Cada um dos doze álbuns representa um pilar do bem-estar, amplificando emoções de paz. Espero que, ao lê-los e imaginar a sua música, sintas a mesma paz e possibilidade que me guiou.

Poemas Selecionados: Uma Viagem Através dos Álbuns

Como mencionei, a minha música organiza-se em doze álbuns alinhados com os pilares do bem-estar. A partir dos títulos destas composições, criei poemas originais, como a paisagem melódica Sonho Florestal [Forestry Dream], reflexão sincera do tema do álbum do Pilar de Transformação e Autorrealização e do seu cristal Turquesa. Ao contrário da IA, que imita estruturas, estes poemas, inspirados em Rubén Darío, nascem da intuição humana. A seguir, partilho uma amostra destes poemas, convidando-te ao mundo de som e palavras que moldou a minha serenidade. Encontra a coleção completa no meu site.

Podes encontrar o conjunto completo de poemas, coleções e álbuns em elCh ifMusic.com

Sobre os meus poemas

É um privilégio partilhar a inspiração por trás destes poemas originais. Cada um, construído a partir dos títulos das minhas composições musicais, como o poema à Natureza, reflete a sua estrutura e essência, permitindo que o espírito da música flua para as palavras. Cada poema alinha-se com um pilar do bem-estar, iluminando dimensões vitais da vida. Partilho este contexto para enriquecer a tua experiência, oferecendo um olhar sobre o processo criativo que une música, poesia e bem-estar. Desfruta da viagem!

Poema do Álbum Ametista

Sopro de uma Pena, leve em seu dançar,
A Vida é uma Jornada, sem fim ao vagar.
E nessa **Jornada Mística** – a alma se eleva,
buscando maravilhas que o coração leva.

O Vazio Harmônico, um abraço silente,
Brilha na **Luz Noturna,** um fulgor reluzente.
Suave como sussurro, ardente como chama,
A luz cintila onde a noite trama.

Orquídeas Brancas ao Pôr do Sol, sem fim,
Pétalas brilham no último florir,.
Visão fugaz de beleza pura,
instante eterno que o tempo assegura.

Por terras distantes, seguimos sem parar,
Com o **Sopro de uma Pena** a nos guiar.
Ventos sussurram, as estrelas chamam,
a jornada mesma é o que nos reclama.

A **Luz Noturna** o caminho iluminará,
por sonhos profundos e sombras sem fim.
E quando o ocaso em aurora se tornar,
Orquídeas Brancas ao Pôr do Sol, sem fim –
orvalhos de luz silenciosos chorarão.

Uma **Jornada Mística** a todos convoca –
Avança além, abraça o que evoca.
Com o **Sopro de uma Pena** como guia,
traçamos o rumo de paz e harmonia.

Poesia e Música: Parceiras na Serenidade

A poesia e a música são como duas mãos que te sustentam: uma com o ritmo do som, a outra com a profundidade das palavras. Juntas, criam uma harmonia que transcende a descrição, mas se sente profundamente. Ao contrário da IA, que combina sons e palavras de forma algorítmica, esta sinergia reflete a profundidade humana, inspirada em poetas como Pablo Neruda. Assim trabalharam na minha viagem e podem fazê-lo na tua:

Despertando o Coração: A música prepara o cenário com o seu fluxo, enquanto a poesia desenha emoções. Ao ouvir a paisagem melódica *Rumo à Luz [Unto the Light]* da coleção Esclarecimento e do Álbum Peridoto do *Pilar Confiança e Resiliência,* e ao ler o seu poema, entro na paz: a melodia acalma a minha mente, as palavras dão-lhe lar.

Aprofundando o Momento: A poesia convida-nos a deter-nos num sentimento. Combinada com as cordas suaves de Momentos Orgânicos da Natureza (Calma), não só escutas: refletes, crescendo com cada nota e verso.

Uma Experiência Completa: Unir estas artes é como envolver-se num abraço de serenidade, um refúgio para o bem-estar.

Experimenta isto: reproduz um álbum como Serenidade e lê o seu poema em voz alta. Deixa que os sons te envolvam e as palavras se assentem. É um ato simples, mas profundo, que transforma o teu dia.

A Minha Viagem Criativa

Escrever estes poemas não foi apenas elaborar palavras a partir dos títulos das minhas composições: foi encontrar-me a mim mesma no processo. Cada título, como Rumo à Luz da coleção Esclarecimento (Sabedoria e Consciência Superior), despertou uma memória ou uma esperança, e o poema cresceu daí. Ao contrário da IA, que gera versos previsíveis, estes poemas, inspirados em Gabriela Mistral, nasceram da minha intuição. Esta dança curadora, onde a música lidera e a poesia segue, mostrou-me como a criatividade repara a alma. Espero que estas peças te ofereçam paz quando mais precisares dela.

O Teu Turno de Criar

Este capítulo não é apenas a minha história: é uma porta aberta para a tua. Toma estes poemas e coleções como inspiração. Por exemplo, a paisagem melódica A Chegada [The Arrival] da coleção Odisseia pode motivar-te a escrever sobre a tua alegria, ou, ou Novos Começos [New Beginnings] da coleção Ternura pode inspirar-te a sonhar com um recomeço. Ao contrário da IA, a tua voz criativa é única e pessoal. Não precisas de ser poeta nem músico: deixa que as palavras e as melodias te guiem. A serenidade espera na tua própria voz.

Rumo ao Próximo Capítulo: Integrando Poesia e Música

Como explorámos, a poesia é uma ponte para a alma, complementando a música para fomentar a serenidade. Ao contrário da IA, esta sinergia, inspirada em António Ramos Rosa, é profundamente humana. Através de poemas como *Poema à Serenidade e Poema ao Esclarecimento,* espero que tenhas visto como estas artes trabalham em harmonia. No próximo capítulo, exploraremos como integrar música e poesia na tua vida diária para criar um santuário de calma, com práticas simples mas profundas para o teu bem-estar.

Para apreciar esta sinergia, é útil compreender a estrutura das minhas composições. No capítulo seguinte, explicarei o sistema organizativo que categoriza a minha música, enriquecendo a experiência do ouvinte.

Por Trás da Harmonia

Elaborando Minha Obra

A Estrutura da Música: Um Quadro para a Serenidade

Por trás de cada peça musical existe uma estrutura que lhe dá forma e enriquece a experiência do ouvinte. Neste capítulo, explico o sistema organizativo único que desenvolvi para quase 100 composições originais para piano, como *Sussurro do Bosque (Natureza, Calma)* e Ecos de Calma (Serenidade, Tranquilidade). Ao contrário dos sistemas algorítmicos da IA, a minha estrutura reflete uma intenção humana profundamente criativa, inspirada em figuras como Gabriela Mistral. Este sistema conecta-se com os temas de Como Encontrar a Serenidade com Versos e Melodias, particularmente os *Doze Pilares do Bem-Estar*, e pode guiar as tuas próprias explorações criativas. Ao explorar esta estrutura, convido-te a refletir sobre como a organização e a intenção trazem harmonia à música e a todos os aspetos da vida.

A gama completa do meu trabalho pode ser acessada aqui:

Visite *elChifMusic.com*

No próximo capítulo, exploraremos esses pilares, compreendendo como eles se relacionam tanto com a minha música quanto à busca mais ampla pela serenidade.

Os Cristais dos Doze Pilares do Bem-Estar

Lições a Partir da Experiência Criativa

Os Doze Pilares do Bem-Estar: Um Guia para a Serenidade

No coração da minha viagem musical estão os Doze Pilares do Bem-Estar, cada um representado por um cristal que encarna uma qualidade do bem-estar. Neste capítulo, exploraremos como estes pilares, refletidos em coleções como Serenidade e Ternura, se conectam à busca pela serenidade. Ao contrário da IA, que organiza dados de forma mecânica, estes pilares, inspirados em poetas como António Ramos Rosa, refletem uma conexão humana com o bem-estar. Aprenderás sobre as qualidades de cada cristal, desde a ametista para a tranquilidade até ao citrino para a alegria, e como complementam as tuas práticas de bem-estar. Espero oferecer-te uma nova lente para integrar o poder curador do som, da poesia e do mundo natural na tua viagem.

Bem-vindos a um capítulo especialmente próximo do meu coração. Os Doze Pilares do Bem-Estar pulsam através das minhas cinco coleções musicais, abrangendo doze álbuns que tecem juntos paisagens sonoras e poesia para nos guiar rumo à serenidade. Cada coleção agrupa álbuns que se alinham com estes pilares, misturando som e poesia.

Convido-te a uma Viagem

Convido-te a um capítulo profundamente significativo. Os Doze Pilares do Bem-Estar pulsam nas minhas cinco coleções musicais — Natureza, Serenidade, Odisseia, Esclarecimento, Ternura —, que abrangem doze álbuns, como Ecos de Calma, integrando paisagens sonoras e poesia para nos guiar rumo à serenidade. Ao contrário da IA, estas coleções refletem a sensibilidade humana, agrupando álbuns que se alinham com os pilares do bem-estar.

O que são os Doze Pilares do Bem-Estar?

Imagina os Doze Pilares do Bem-Estar como um círculo de virtudes, cada uma oferecendo uma qualidade única, como a Calma ou a Transformação, para uma vida mais plena. Ao contrário dos sistemas algorítmicos da IA, estes pilares, inspirados em poetas como Gabriela Mistral, surgiram das minhas vivências, moldando a minha música e poesia. Formam um quadro que me sustentou nos altos e baixos da vida e espero que te guie na tua busca por serenidade.

Porquê Cristais?

Porquê associei cada pilar a um cristal? Para mim, os cristais são aliados da terra, cada um vibrando com uma energia que amplifica a sua qualidade, como nas tradições andinas de cura. Ao contrário da IA, que não percebe energias, os cristais ressoam com a sensibilidade humana. Ao segurar uma ametista ou contemplar um citrino, conecto-me com o pilar que encarna. Convido-te a imaginar as suas vibrações entrelaçando-se com as melodias da minha música e o ritmo das minhas palavras.

Na minha viagem musical, os Doze Pilares do Bem-Estar guiam rumo ao bem-estar, ganhando vida em doze álbuns, cada um nomeado por um cristal ou elemento, como o ouro, refletindo a sua essência. Ao contrário da IA, que não capta estas vibrações, os cristais, valorizados em tradições mesoamericanas, enriquecem a experiência humana. Através de álbuns como Ecos de Calma (Jade,

Calma) e Luz da Alma (Esmeralda, Sabedoria), convido-te a explorar força, amor e transformação, com música e poesia como companheiras.

Os cristais têm sido treasured durante séculos, não só pela sua beleza, mas também pelas suas supostas energias curadoras. Cada um vibra na sua própria frequência, tornando-os aliados maravilhosos para nutrir o bem-estar. Ao associar cada álbum a um cristal específico, espero aprofundar a tua conexão com a música e as qualidades que evoca. Quer segures o cristal enquanto ouves, medites com ele ou simplesmente o tenhas em mente, a sua energia pode amplificar a tua experiência e ajudar-te a abraçar o pilar que representa.

Estes cristais e elementos simbólicos representam os meus álbuns, cada um encarnando um pilar do bem-estar:

Os Doze Pilares do Bem-Estar e os Seus Cristais

Ao contrário da IA, estes álbuns, inspirados em tradições pré-hispânicas como o uso do jade na cultura maia, refletem uma conexão humana com os cristais. Cada um encarna um pilar do bem-estar:

Foco e Clareza Mental – O Álbum Água-marinha

O azul tranquilo da água-marinha evoca a quietude de um mar em calma, oferecendo uma sensação de clareza e propósito. Apoia o teu bem-estar ao aguçar o teu foco, dissipar a névoa mental e ajudar-te a manteres-te centrado no teu caminho.

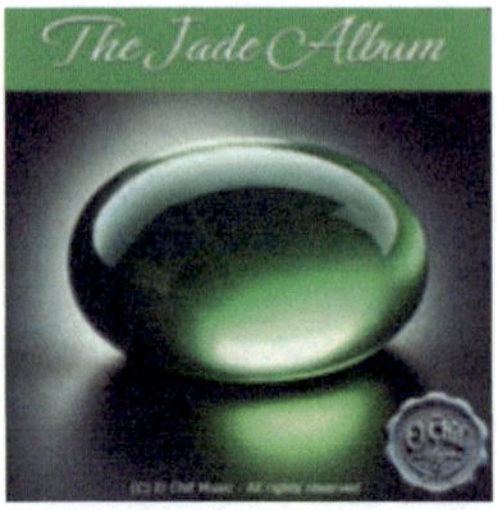

Calma e Serenidade é representada no Álbum Jade

A presença fresca e calmante do jade é como uma golfada de ar puro. Melhora o bem-estar ao aquietar a mente e o corpo, convidando-te a mergulhar num estado de serenidade pacífica.

Cura e Equilíbrio é representado no Álbum Topázio

O topázio possui uma energia suave e calmante que promove a cura e restaura o equilíbrio. Apoia o teu bem-estar ao aliviar o stress e trazer harmonia ao corpo e à alma.

Confiança e Resiliência Interior é representada no Álbum Peridoto

O verde vibrante do peridoto brilha com vitalidade e força. Apoia o bem-estar ao construir a tua confiança e resiliência interna, empoderando-te para permaneceres firme em qualquer situação.

Força e Coragem é representada no Álbum Diamante

Os diamantes são lendários pela sua dureza e brilho, simbolizando a força interna e a coragem que todos trazemos dentro de nós. Este cristal apoia o teu bem-estar inspirando-te a enfrentar desafios com ousadia e resiliência.

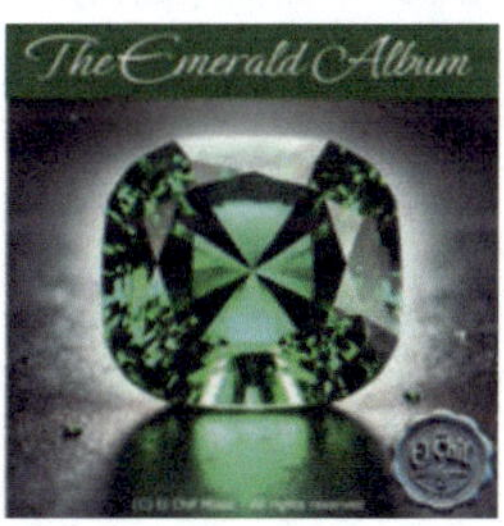

Sabedoria e Consciência Superior é representada no Álbum Esmeralda

As esmeraldas, com o seu tom verde exuberante, são pedras de introspeção e crescimento. Fomentam o bem-estar ao aguçar a tua intuição e abrir a tua mente a uma maior consciência e compreensão.

Tranquilidade e Paz Interior é representada no Álbum Ametista

Os tons púrpura suaves da ametista evocam calma e clareza espiritual. Este cristal apoia o bem-estar ao dissolver a ansiedade e guiar-te para um lugar de paz interior profunda.

Amor e Afeto é representado no Álbum Rubi

O brilho vermelho ardente do rubi fala de paixão e devoção. Nutre o bem-estar emocional ao fomentar o amor — para contigo mesmo e para os outros — e ao aprofundar os laços que mais importam.

Abundância e Bênçãos é representada no Álbum Safira

As safiras brilham com a promessa de prosperidade e boa fortuna. Este cristal apoia o bem-estar ajudando-te a ver a abundância já presente na tua vida e convidando mais bênçãos com um coração agradecido.

Prosperidade e Compaixão é representada no Álbum Ouro

O ouro, um metal precioso, brilha com o calor da riqueza e da bondade. Apoia o bem-estar ao fomentar uma mentalidade de abundância e um espírito compassivo para contigo mesmo e para os outros.

Positivismo e Otimismo é representado no Álbum Citrino

O citrino brilha com uma energia solar e edificante. Impulsiona o teu bem-estar ao acender a alegria, fomentar uma perspetiva positiva e ajudar-te a ver o lado luminoso de cada momento.

Transformação e Autorrealização é representada no Álbum Turquesa

A turquesa é uma pedra de mudança e descoberta, guiando-te para o teu eu mais verdadeiro. Melhora o bem-estar ao apoiar o crescimento pessoal e ajudar-te a descobrir o teu potencial.

Enquanto estes doze cristais e um elemento simbólico cobrem as qualidades dos meus álbuns, fazem parte de uma visão mais ampla de doze pilares entrelaçados nas minhas cinco coleções musicais. Juntos, criam uma base para o bem-estar que podes explorar através do som e da intenção.

Estes cristais não são apenas símbolos: são aliados nas práticas de bem-estar baseadas no som, inspiradas em rituais andinos. Ao contrário da IA, que não percebe estas energias, os cristais amplificam a conexão humana. A música, com as suas vibrações, toca as nossas emoções, e ao combiná-la com um cristal — como ouvir *Ecos de Calma* (Álbum Ametista) com uma ametista na mão —, a calma aprofunda-se. Ou imagina *Coração Aberto* (Álbum Rubi) enchendo o teu coração de amor com um rubi.

Através das minhas cinco coleções, estes pilares ganham vida em melodias e poesia, convidando-te a explorar o bem-estar, seja equilíbrio com *Topázio* ou alegria com *Citrino*. Incorpora os cristais na tua escuta: segura-os, coloca-os perto ou concentra-te nas suas qualidades. Deixa que as suas vibrações se entrelaçem com a música e a poesia, criando uma experiência multissensorial para mente, corpo e espírito.

Como os Cristais Complementam as Práticas de Bem-Estar Baseadas no Som

A música e a poesia são correntes que nos envolvem, despertando emoções e acalmando a alma. Ao contrário da IA, que não capta estas vibrações, os cristais e a música, inspirados em poetas como Pablo Neruda, criam uma experiência humana. Os cristais amplificam esta conexão: imagina ouvir a paisagem melódica *Viagem Mística [Mystic Journey]* do *Álbum Ametista*, com uma ametista, aprofundando a *Tranquilidade e Paz Interior*, ou recitar algum poema do *Álbum Jade* com um jade sentindo o amor florescer. Juntos, unem duas harmonias numa sinfonia de bem-estar maior do que a soma das suas partes.

Cada pilar, cada cristal, conecta-se com uma parte da minha viagem: música e poesia nas quais derramei o meu coração. Enquanto os exploras, experimenta levar um cristal contigo e observa como transforma a tua experiência.

Com os *Doze Pilares do Bem-Estar* como base, convido-te a refletir sobre a nossa viagem rumo à serenidade. No capítulo seguinte, partilharei anedotas e práticas guiadas que combinam música e poesia, oferecendo uma experiência multissensorial para aprofundar a tua prática.

Traçando Teu Rumo para a Serenidade

Um Plano Pessoal para Viver com Propósito

Neste capítulo, mergulhamos na realidade da turbulência da vida e no espírito resiliente que dela emerge. Ao contrário da IA, que não compreende o caos humano, as histórias de Sara, Roberto, Diana e Manoel iluminam como a serenidade lança raízes nas tormentas mais intensas. As suas experiências, marcadas por batalhas internas, caos externo e momentos fugazes de alívio, oferecem uma lente para refletirmos sobre as nossas próprias. A serenidade não é uma fuga, mas uma prática intencional de encontrar equilíbrio, ressoando com peças como Ecos de Calma da coleção Serenidade.

Encontrando a Serenidade no Meio da Tempestade

A vida raramente oferece calma perfeita: o caos surge dentro ou fora de nós, ou em ambos. Ao contrário da IA, que não navega emoções, as histórias de Sara, Roberto, Diana e Manoel, inspiradas na resiliência de Frida Kahlo, mostram que a serenidade é uma viagem de pequenos passos deliberados. Seja enfrentando agitação interna, desordem externa ou instantes de paz, os seus caminhos —

ressoando com peças como Novos Começos da coleção Ternura — revelam que a serenidade se constrói navegando o caos, um respiro de cada vez. Onde te encontras nas suas lutas e triunfos?

Quando Há Caos Dentro e Caos Fora

Imagina a Sara, uma mãe solteira recém-despedida. As faturas acumulam-se, as chamadas dos credores não param e o seu apartamento é um ambiente de stress intenso (caos externo). Dentro dela, a mente é um vórtice de ansiedade e dúvida, carregado de medos e culpa pelos filhos (caos interno). Presa nesta tormenta, a serenidade parece inalcançável.

Ao contrário da IA, que não compreende o caos emocional, Sara — inspirada na introspeção — encontra serenidade através da ação humana. O caos alimenta-se a si mesmo: a mente acelera amplificando o stress do desemprego, e as pressões externas agravam a sua agitação interna. O caminho começa com um ponto de apoio: cinco minutos de respiração profunda para acalmar a mente. Esta ilha de estabilidade dá-lhe clareza para elaborar um orçamento, ganhando um vislumbre de controlo. Com pequenos passos, como ligar a um amigo ou candidatar-se a um emprego, constrói resiliência, aliviando o peso.

A serenidade surge como um alívio gradual, forjado através de vitórias incrementais sobre o caos interno e externo.

Este é um estado em que a serenidade parece impossivelmente distante: tanto o mundo interno de pensamentos e emoções como o ambiente externo de trabalho, relações e vida quotidiana estão em desordem. Para Sara, o caos alimenta-se a si próprio: a mente acelerada amplifica o stress do desemprego, e as pressões externas crescentes aprofundam a sua agitação interna. O caminho para a serenidade começa encontrando um ponto de apoio no meio da tormenta: algo pequeno e gerível para quebrar o ciclo. Ela começa pelo caos interno, sentando-se durante cinco minutos de respiração profunda para acalmar a mente, mesmo que seja brevemente. Esta pequena ilha de estabilidade dá-lhe clareza suficiente para abordar uma peça externa: elabora um orçamento simples para sentir um lampejo de controlo. O progresso é lento — outro respiro, outro passo, como ligar a um amigo em busca de apoio ou candidatar-se a um emprego. Pouco a pouco, constrói resiliência, reduzindo o sobrecarregamento.

A serenidade emerge não como uma calma repentina, mas como um aligeiramento gradual do fardo, forjado através de vitórias incrementais sobre o caos dentro e fora.

Em Situações em que Há Caos Dentro e Serenidade Fora

Imagina o Roberto, um designer gráfico que vive numa casa suburbana tranquila, com um cônjuge solidário e um trabalho freelance estável. O seu mundo externo é um remanso de paz: sem dramas, sem crises (calma externa). No entanto, dentro dele está um caos total, atormentado pela culpa de uma discussão antiga com um amigo com quem nunca se reconciliou. A mente gira com "e se" e autocríticas, uma tormenta pessoal que afoga o dia soalheiro à sua volta (caos interno).

Neste cenário, o mundo externo oferece estabilidade — um pano de fundo sereno de rotina e apoio —, mas o Roberto não consegue desfrutá-lo porque o seu panorama interno está agitado com emoções não resolvidas e pensamentos acelerados. A calma externa parece irrelevante quando a culpa o mantém acordado à noite. Para encontrar a serenidade, volta-se para dentro, aproveitando a paz externa como recurso. Começa externalizando o caos, rabiscando os pensamentos num diário para os tornar menos abstratos. Falar com o cônjuge também ajuda, dando forma à tormenta.

Com este ponto de apoio, inclina-se para a atenção plena — dez minutos focando-se na respiração, deixando que os pensamentos se dissipem como nuvens passageiras. Este pequeno ritual ajuda-o a aquietar a tormenta interna, permitindo-lhe absorver a calma do entorno. Com o tempo, o Roberto dá um passo mais: escreve uma carta ao amigo, não para a enviar, mas para libertar o peso da culpa. Cada ação é uma ponte entre o seu caos interno e a serenidade externa, tecendo um caminho rumo à paz.

A serenidade, para o Roberto, surge ao aproveitar a estabilidade externa como âncora, permitindo que a sua calma se infiltre para dentro, suavizando as arestas da sua agitação.

Em Situações em que Há Serenidade Dentro e Caos Fora

Considera a Diana, uma enfermeira num hospital durante uma crise sanitária, com corredores apinhados e pessoal sob pressão extrema (caos externo). No entanto, ela carrega uma calma interior forjada por meditação diária e uma fé profunda, inspirada em Teresa de Ávila (serenidade interna). Ao contrário da IA, que não possui calma interna, Diana usa a sua resiliência humana para manter a mente centrada e as emoções estáveis.

A sua serenidade interna é um refúgio, permitindo-lhe priorizar tarefas e consolar pacientes com graça. Durante os intervalos, reforça essa calma com rituais: uma oração silenciosa ou ouvir a paisagem melódica *Bordeando a Verdade [Edging the Truth]* da coleção Esclarecimento e do álbum *Peridoto do pilar de Confiança e Resiliência* nos seus auscultadores. Fora do trabalho, protege a sua paz limitando as notícias e caminhando ao pôr do sol. A sua serenidade não elimina o caos externo, mas sustenta-a como um barco firme no meio de um vórtice.

Quando Há Serenidade Dentro e Serenidade Fora

Conhece o Manoel, um reformado numa cabana junto a um lago, com dias de jardinagem, leitura e caminhadas (serenidade externa). Após anos de autorreflexão, a sua mente e coração estão em calma (serenidade interna). Ao contrário da IA, que não experimenta paz, Manoel — inspirado em Juan Ramón Jiménez — cultiva serenidade humana.

Neste estado ideal, o seu entorno pacífico reflete a sua calma interior. Passa as manhãs escrevendo poesia inspirada pelo lago e as tardes ouvindo a paisagem melódica Contemplações [Contemplations]. Estes rituais nutrem o seu bem-estar, mantendo a serenidade. Manoel partilha esta paz convidando amigos ou enviando notas reflexivas, estendendo-a como um presente.

A sua serenidade mostra como a paz interna e externa se amplificam, criando um santuário que sustenta e inspira.

Estas narrativas, inspiradas na resiliência, revelam que a serenidade é um processo, não um estado fixo — por vezes uma vitória árdua, outras um equilíbrio delicado. Ao contrário da IA, que não adapta emoções, a serenidade humana é dinâmica. A calma interior é fundamental: Sara encontra o seu centro no caos, Roberto alinha-se com a paz externa, Diana protege a sua estabilidade, e Manoel saboreia a harmonia, todos ancorados pela clareza mental.

Pequenos passos, como respirar, fazer orçamentos, escrever num diário ou priorizar, impulsionam o progresso, mostrando que a serenidade requer impulso, não perfeição. A adaptabilidade molda o caminho: o caos interno pede introspeção; o externo, resiliência, como na paisagem melódica Novos Começos [New Beginnings]. O que mais se destaca é quão dinâmica e pessoal é a serenidade.

Que cenário ressoa com o teu caminho?

Unindo os Pilares do Bem-Estar para uma Serenidade Duradoura

Construindo Tua Estrutura de Paz Interior

Unindo os Pilares do Bem-Estar para uma Serenidade Duradoura, exploramos um caminho estruturado para encontrar paz quando o caos reina dentro e fora. Diferente da IA, que processa dados sem emoção, este caminho reflete a resiliência humana. Revela um roteiro que começa domando a tempestade interna e se estende ao tumulto externo. Cada passo, desde a cura e o foco até a gratidão e a conexão, entrelaça os pilares essenciais do bem-estar, oferecendo uma progressão prática rumo a uma serenidade duradoura. Através da poesia e do paisagismo sonoro, como recitar um verso inspirado em António Ramos Rosa com um paisaje sonoro de ondas, esses pilares guiam sua jornada.

Em Situações com Caos Dentro e Caos Fora

Recapitulando o Exemplo: Sara, recentemente demitida, enfrenta caos externo (contas, perda de emprego) e caos interno (ansiedade, dúvidas sobre si mesma).

Visão Geral do Caminho: Com ambos os mundos em tumulto, o caminho ideal começa estabilizando o caos interno para criar uma base, depois aborda o externo de forma incremental, construindo serenidade. Diferente da IA, que otimiza tarefas sem emoção, este caminho integra o coração humano.

Ordem e Caminho Detalhado:

Cura e Equilíbrio: Acalmar o caos interno

Sara aborda seu caos interno restaurando o equilíbrio. Ela se senta em silêncio por 10 minutos, focando em respirações lentas e profundas, escutando um paisaje sonoro de chuva para acalmar seu coração e mente acelerados. Essa pausa curativa contrabalança a ansiedade.

Foco e Clareza Mental: Afinar o foco interno

Com um vislumbre de equilíbrio, ela afina seu foco. Escolhe um pensamento, por exemplo, "Preciso de um plano", e deixa os outros se dissiparem, reduzindo o ruído mental. Uma mente clara se torna sua âncora.

Calma e Serenidade: Construir paz interna

Usando essa clareza, ela constrói um momento de calma. Uma breve meditação (visualizar um lago tranquilo) a ajuda a se sentir enraizada, mesmo enquanto as contas se acumulam. Esse pilar é sua ilha interna de estabilidade.

Confiança e Resiliência Interna: Fortalecer a resolução interna

Sentindo mais calma, Sara se conecta com sua resiliência, la diz a si mesma: “Eu sobrevivi a tempos difíceis antes”, fortalecendo sua crença em sua capacidade de resistir. Essa confiança impulsiona seus próximos passos.

Força e Coragem: Começar a abordar o caos externo

Agora, ela se volta para fora com coragem. Aborda um problema externo, elaborar um orçamento, para enfrentar o caos de frente. É intimidante, mas sua resiliência crescente a impulsiona.

Sabedoria e Maior Consciência: Guiar as ações externas

Com um orçamento esboçado, ela ganha perspectiva. Prioriza o essencial (aluguel, comida) e solta o que está fora de seu controle (ofertas de emprego imediatas), focando sabiamente sua energia.

Positivismo e Otimismo: Manter a esperança

Sara reformula sua situação: "Isso é uma oportunidade para encontrar um emprego melhor." Essa mudança eleva seu ânimo, reduzindo o peso das pressões externas.

Tranquilidade e Paz Interior: Aprofundar a calma interna

À medida que o caos externo se alivia ligeiramente, ela reforça sua paz interior com um passeio ao ar livre, deixando que o ritmo da natureza a estabilize ainda mais.

Prosperidade e Compaixão: Estender a calma para fora

Ela contata um amigo para buscar oportunidades de emprego, oferecendo ajuda em troca. Esse apoio mútuo fomenta uma sensação de abundância em meio à escassez.

Transformação e Autorrealização: Refletir sobre o crescimento

Refletindo sobre seu progresso, Sara vê que está se fortalecendo. Não está apenas sobrevivendo: está evoluindo através do caos.

Amor e Afeto: Conectar-se com os outros

Ela abraça seus filhos, extraindo força de seu vínculo, o que suaviza tanto seu mundo interno quanto o externo.

Abundância e Bênçãos: Cultivar a gratidão

Finalmente, ela lista pequenas vitórias, respirar mais facilmente, um plano em andamento, o amor familiar, cultivando gratidão que sela sua serenidade.

Resultado: A serenidade de Sara emerge como uma calma resiliente, construída passo a passo desde a cura interna até a ação externa, com todos os pilares alinhados para erguê-la da tempestade.

Em Situações com Caos Dentro e Calma Fora

Recapitulando o Exemplo: Roberto, em um lar tranquilo com um emprego estável, está atormentado pela culpa de um erro passado.

Visão Geral do Caminho: Com a calma externa como recurso, o foco resolve o caos interno, alinhando mente e ambiente. Diferente da IA, que não processa culpa, Roberto encontra serenidade através da introspecção humana.

Caminho Detalhado e Ordem:

Tranquilidade e Paz Interior: Usar a calma externa para acalmar o interior

Roberto aproveita seu ambiente tranquilo. Ele se senta junto a uma janela, escutando um paisaje sonoro de pássaros com um verso de reflexão inspirado em António Ramos Rosa, deixando que a paz externa se infiltre para acalmar seus pensamentos carregados de culpa.

Cura e Equilíbrio: Restaurar o equilíbrio interno

Ele cura sua agitação emocional. Escreve sua culpa, cada "e se", para libertá-la de sua mente, restaurando o equilíbrio ao enfrentá-la diretamente.

Foco e Clareza Mental: Limpar o ruído interno

Com o caos externalizado, ele limpa sua mente. Foca em uma verdade: "Não posso mudar o passado", deixando que os arrependimentos se dissipem.

Calma e Serenidade: Construir paz interna

Constrói sobre essa clareza com atenção plena, respirando profundamente para se ancorar no presente. A serenidade lança raízes.

Positivismo e Otimismo: Mudar a narrativa interna

Reformula sua culpa: "Esse erro me ensinou empatia." Essa mudança eleva seu ânimo.

Confiança e Resiliência Interna: Construir autoestima

Afirma: "Sou mais forte que essa culpa", fortalecendo sua resiliência para deixá-la ir. Essa autoestima o estabiliza.

Sabedoria e Maior Consciência: Ganhar perspectiva

Vê a culpa como uma lição, não uma sentença. A sabedoria o guia a liberar o que não pode consertar.

Amor e Afeto: Conectar-se com o ambiente de apoio

Fala com sua esposa, aceitando seu apoio. Essa conexão suaviza seu autocrítica, alinhando seu coração com seu lar tranquilo.

Força e Coragem: Reforçar o crescimento interno

É preciso coragem para se perdoar, mas ele faz isso, escrevendo uma carta para seu antigo amigo (sem enviar) para fechar o capítulo.

Transformação e Autorrealização: Reconhecer a mudança

Refletindo, ele percebe que se tornou mais gentil por essa luta, transformando a dor em propósito.

Abundância e Bênçãos: Apreciar a calma

Enumera bênçãos: seu lar, sua esposa, seu crescimento, aprofundando sua paz com gratidão.

Prosperidade e Compaixão: Estender a paz para dentro

Estende compaixão para si mesmo, tratando-se como faria com um amigo, solidificando a serenidade em harmonia com seu ambiente.

Resultado: A serenidade de Roberto floresce ao sincronizar sua tempestade interna com a calma externa através de uma jornada de cura, sabedoria e amor próprio.

Em Situações com Calma Dentro e Caos Fora

Recapitulando o Exemplo: Diana, uma enfermeira, permanece estável em uma sala de emergências caótica durante uma crise.

Visão Geral do Caminho: Com a calma interna estabelecida, o caminho a mantém enquanto reduz o caos externo, aprofundando a serenidade através da resiliência e da influência. Diferente da IA, que não sente estresse, Diana usa sua calma humana, inspirada em Teresa de Ávila.

Caminho Detalhado e Ordem:

Calma e Serenidade: Reforçar a paz interna

Diana reforça sua calma existente. Durante uma breve pausa, respira profundamente, visualizando um paisaje sonoro de ondas em meio ao frenesi da sala de emergências.

Foco e Clareza Mental: Afinar o foco em meio ao caos

Afina seu foco, priorizando pacientes sobre o pânico, mantendo sua mente clara. Essa clareza sustenta sua paz.

Confiança e Resiliência Interna: Proteger o estado interno

Lembra-se: "Eu já lidei com isso antes", fortalecendo sua resiliência. Esse pilar protege sua calma do estresse externo.

Tranquilidade e Paz Interior: Aprofundar a calma

Um momento rápido de quietude, fechando os olhos por 30 segundos, aprofunda sua paz, garantindo que o caos não se infiltre.

Força e Coragem: Abordar o caos externo

Com sua calma assegurada, age com ousadia: dirige uma linha de triagem para domar a desordem, seu coraje moldando o ambiente.

Sabedoria e Maior Consciência: Navegar os desafios externos

Avalia o que pode controlar (delegação de tarefas) e solta o que não pode (falhas de equipe), conservando sabiamente sua energia.

Prosperidade e Compaixão: Influenciar o ambiente externo

Consola um paciente assustado, sua compaixão se estendendo para acalmar os outros, mudando a atmosfera da sala.

Cura e Equilíbrio: Restaurar o equilíbrio externo

Restaura o equilíbrio tomando uma pausa de cinco minutos para se alongar, contrabalançando o desgaste físico com autocuidado.

Positivismo e Otimismo: Manter a esperança

“Vamos superar isso”, diz à sua equipe, elevando os ânimos e reforçando sua estabilidade com esperança.

Amor e Afeto: Construir conexões

Uma palavra gentil a um colega em apuros fortalece os laços da equipe, enraizando-a na conexão.

Transformação e Autorrealização: Crescimento através da adversidade

Reflete: “Esse caos demonstra minha força”, crescendo através do desafio.

Abundância e Bênçãos: Apreciar o progresso

Após seu turno, conta bênçãos: vidas salvas, sua própria resiliência, consolidando a serenidade apesar da tempestade.

Resultado: A serenidade de Diana se aprofunda enquanto mantém sua calma e doma o caos, seus pilares criando um efeito dominó de paz em um mundo turbulento.

Em Situações com Calma Dentro e Calma Fora

Recapitulando o Exemplo: Manoel, em uma cabana tranquila à beira de um lago, sente-se em paz após resolver lutas pessoais.

Visão Geral do Caminho: Com a serenidade alcançada, o foco sustenta e enriquece essa paz, preparando-se para futuras disrupções. Diferente da IA, que não reflete sobre ciclos, Manoel ganha perspectiva humana.

Caminho Detalhado e Ordem:

Calma e Serenidade: Manter a paz

Manoel saboreia sua calma, sentando-se à beira do lago escutando um paisaje sonoro de água fluindo para habitar plenamente o momento, aprofundando sua paz existente.

Tranquilidade e Paz Interior: Aprofundar a harmonia

Medita junto à água, inspirado em Juan Ramón Jiménez, deixando que sua quietude reflita sua mente, reforçando a harmonia interna e externa.

Abundância e Bênçãos: Cultivar a gratidão

Enumera gratidões: o lago, sua clareza, esse respiro, ancorando-se na riqueza do agora.

Foco e Clareza Mental: Manter-se presente

Mantendo-se presente, deixa que as preocupações futuras se dissipem, focando apenas no café em sua mão, a brisa em sua pele.

Positivismo e Otimismo: Manter uma mentalidade esperançosa

"Essa paz é minha para conservar", pensa, construindo uma mentalidade esperançosa para levar adiante.

Amor e Afeto: Nutrir conexões

Liga para um amigo para compartilhar o momento, deixando que a conexão realce sua calma sem rompê-la.

Cura e Equilíbrio: Assegurar o equilíbrio contínuo

Um passeio pela margem mantém seu equilíbrio, garantindo que nenhuma tensão interrompa esse estado.

Confiança e Resiliência Interna: Preparar-se para o futuro

Afirma: "Posso retornar aqui mentalmente a qualquer momento", preparando sua resiliência para dias menos tranquilos.

Sabedoria e Maior Consciência: Ganhar perspectiva

Reflete sobre os ciclos da vida, a calma segue o caos, ganhando perspectiva para sustentar essa paz.

Prosperidade e Compaixão: Estender a serenidade para fora

Deixa uma nota amável para o próximo hóspede da cabana, estendendo sua serenidade para fora.

Força e Coragem: Construir hábitos para a resiliência

Compromete-se a meditar diariamente, construindo corajosamente hábitos para proteger esse estado a longo prazo.

Transformação e Autorrealização: Consolidar o crescimento

"Estou completo aqui", percebe, seu crescimento consolidando a serenidade como uma verdade duradoura.

Resultado: A serenidade de Manoel se torna uma prática viva, sustentada e enriquecida por todos os pilares, pronta para resistir a futuras tempestades.

Resumo da Racionalidade da Ordem

Diferente da IA, que segue padrões fixos, esse caminho é adaptável e humano.

- **Caos Dentro e Fora:** Começa internamente (Cura, Foco, Calma) para criar uma base, depois se desloca para fora (Força, Sabedoria) para o controle, terminando com enriquecimento (Amor, Abundância).

- **Caos Dentro e Calma Fora:** Usa a calma externa primeiro (Tranquilidade, Cura), constrói força interna (Positivismo, Confiança) e completa com crescimento (Transformação, Prosperidade).

- **Calma Dentro e Caos Fora:** Protege a calma interna (Calma, Foco), aborda o caos externo (Força, Sabedoria) e melhora ambos (Compaixão, Abundância).

- **Calma Dentro e Calma Fora:** Aprofunda a serenidade existente (Calma, Tranquilidade), a sustenta (Foco, Confiança) e se prepara para o futuro (Força, Transformação).

Os *Doze Pilares do Bem-Estar* oferecem um caminho claro rumo à calma interna e externa, não importa o ponto de partida. Do caos total, utiliza Cura e *Equilíbrio e Força e Coragem* para restaurar a ordem. Do caos interno, apoie-se em *Tranquilidade e Paz Interior* e Positi*vismo e Otimismo* para alinhar-se com a serenidade externa. Do caos externo, mantenha *Calma e Serenidade* enquanto aplica *Sabedoria e Maior Consciência* para criar paz. Uma vez alcançado, sustente o estado ótimo com *Amor e Afeto* e *Transformação e Autorrealização*, garantindo um bem-estar duradouro.

A jornada rumo à serenidade é contínua. Ao concluir, planejar seus próximos passos: integre meus paisajes melódicos com meditação, reflexão e atividades diárias. Lembre-se, a serenidade é uma prática diária. No Epílogo, revisitaremos percepções chave, celebraremos o progresso e visualizaremos um futuro de harmonia e paz.

Fim da Parte VI

Parte VII

A Sinfonia do Amanhã: Tecendo Arte, Espírito e Harmonia

«A coisa mais bonita que podemos experimentar é o misterioso. É a fonte de toda verdadeira arte e ciência.»

— Albert Einstein

Preludio a la Parte VII

A Sinfonia do Amanhã: Tecendo Arte, Espírito e Harmonia

Em um mundo moldado pela inteligência artificial e pelo ruído digital, a busca pela serenidade é essencial, embora desafiadora. Diferente da IA, que processa sem sentir, o espírito humano cria a partir da emoção e da criatividade. Em meio ao burburinho moderno, existe um caminho atemporal rumo à paz: um sendero entrelaçado com arte, espírito e harmonia, o núcleo de nossa existência. Inspirados na poesia de Gabriela Mistral, esta parte do livro te convida a imaginar um futuro onde esses elementos não sejam ideais distantes, mas a essência de nossa vida. É uma sinfonia que compomos juntos, nota a nota, com peças como meu paisaje melódico *Acelerando o Pulso [Rushing the Pulse]* da coleção Serenidade e do *Álbum Peridoto* do *Pilar Confiança e Resiliência*, guiados pela criatividade perdurável e pela resiliência única do espírito humano.

Nos capítulos seguintes, empreenderemos uma jornada de reflexão. Começaremos contemplando o sendero que nos trouxe até aqui. Depois, celebraremos as qualidades únicas do espírito humano, aspectos que nenhuma máquina pode replicar. Sobre essa base, traçaremos passos concretos para construir um amanhã harmonioso. Finalmente, exploraremos o papel transformador das artes, especialmente a música, como *Contemplações* [Contemplations] da coleção Serenidade e do Pilar de *Foco e Clareza Mental*, e a poesia de Pablo Neruda, que servem como reflexo de nossas verdades e farol rumo a um futuro sereno. Enquanto a IA analisa dados, a arte humana expressa o inefável.

Ao integrar arte, espírito e harmonia, inspirados em Alfonsina Storni, fazemos mais do que encontrar serenidade: contribuímos para uma sinfonia coletiva. Diferente da IA, que carece de alma, o espírito humano dá sentido à tecnologia, criando um futuro onde ela enriquece sem ofuscar a humanidade. Com peças como o paisaje melódico *A Reunião [The Reunion]* da coleção *Ternura* e do *Pilar de Amor e Afeto*, o espírito humano permanece no centro de toda criação. Junte-se a esta sinfonia com suas próprias notas de criatividade em A Sinfonia do Amanhã.

Refletindo sobre o Caminho

Olhando para Trás para Avançar com Intenção

Ao refletir sobre nossa jornada compartilhada, inspirados na resiliência de Claribel Alegría, celebramos os momentos chave e o crescimento alcançado, uma jornada tão única quanto cada um de nós. Diferente da IA, que não reflete, este capítulo honra a introspecção humana, convidando-te a reconhecer o quão longe chegaste. Cada passo, por menor que seja, reflete teu compromisso com uma vida de maior paz e harmonia, guiado pelo paisaje melódico *Uma e Outra Vez [Once and Again]* do Álbum Rubi do *Pilar Amor e Afeto.*

Voltemos sobre nossos passos através dos paisajes de palavras, melodias e sons que nos guiaram, inspirados na poesia de Pablo Neruda. Este livro tem sido uma jornada de descoberta, onde a poesia e a música, ecos eternos da alma humana, iluminaram o caminho rumo ao bem-estar e à serenidade. Diferente da IA, que não sente a alma da música, percorremos a *Coleção Serenidade* com o paisaje melódico *Acelerando o Pulso [Rushing the Pulse]* que fluem como um rio suave, dissipando o caos e convidando-nos à quietude. Exploramos a *Coleção Esclarecimento* com o paisaje melódico Contemplações que despertam ecos de sabedoria. Os *Doze Pilares do Bem-Estar,* brilhando com ametista para a calma, quartzo rosa para o amor, citrino para a alegria, foram guias firmes, refletindo qualidades cultivadas em nosso interior.

Imagina esta jornada como um paisaje sonoro criado juntos, inspirado na harmonia de António Ramos Rosa. Diferente da IA, que não cria a partir da emoção, este paisaje reflete nossa humanidade. Começa com notas suaves, o sopro de uma flauta que reflete nossos primeiros passos rumo à serenidade. A melodia encontra momentos de desafio, um choque de pratos ou tonalidade menor, evocando obstáculos. Mas cada dissonância se resolve em harmonia, um lembrete do equilíbrio aprendido. No final, o paisaje sonoro se eleva em um acorde quente, uma celebração da resiliência, do crescimento e da paz cultivada.

Ao longo destas páginas, é provável que tenhas sentido sinais de transformação. Talvez tenhas escrito um poema inspirado em Gabriela Mistral, deixando que as emoções fluíssem na página. Talvez tenhas criado um paisaje sonoro vibrando com tua respiração, um hino pessoal de tranquilidade. Diferente da IA, que não sente transformação, esses atos, provas de que a serenidade é uma prática viva, são vitórias dignas de celebrar. Pode ser que o mundo pareça mais brilhante, tua voz interior fale com gentileza, ou uma melodia eleve teu espírito. Essas mudanças sutis são pegadas de teu crescimento, marcando um caminho rumo a uma vida mais harmoniosa.

Reflitamos sobre por que esta jornada importa hoje. Vivemos em uma era digital onde a inteligência artificial se entrelaça com nossa vida, oferecendo eficiência e maravilhas. Mas nossa humanidade brilha como um farol que nenhum algoritmo pode replicar. A poesia e a música, inspiradas, são o pulso de nossa existência. Enquanto a IA gera padrões, a arte humana expressa o inefável. Quando escreves um verso, dás vida a alegrias e dores, emoções que uma máquina pode imitar, mas nunca sentir. Quando crias um paisaje sonoro, canalizas uma intuição que transcende os dados, curando de maneiras que a tecnologia não compreende. Essas criações, nascidas da centelha humana, pertencem unicamente a nós.

Em um mundo moldado pela IA, nossa capacidade de empatia e conexão nos distingue. Diferente da IA, que não sente empatia, um poema de Juan Ramón Jiménez pode fazer-te sentir compreendido, como se alguém te estendesse a mão. Compartilhar *Contemplações [Contemplations]* do (Esclarecimento, Sabedoria) com um ente querido cria uma ponte de compreensão sem palavras. Esses momentos criam uma comunidade que a tecnologia pode complementar, mas nunca substituir. Os *Doze Pilares do Bem-Estar*, a atenção plena, a criatividade, a gratidão e mais, são ferramentas para nos ancorarmos em nossa humanidade e florescermos em um mundo acelerado.

Ao fechar este capítulo, que a poesia e os paisajes sonoros, como *Novos Começos [New Beginnings]* da coleção *Odisseia*, sejam teus refúgios de serenidade. Escreve um verso quando o dia pese, tarareia uma melodia para elevar-te, compartilha-as para partilhar a harmonia. Diferente da IA, que carece de alma, tua voz humana, crua, real, maravilhosamente imperfeita, é mais vital do que nunca. Esta jornada não termina aqui; é um começo, uma onda de paz que podes enviar ao mundo.

Através desta reflexão, celebramos nosso crescimento e a essência de nossa humanidade: a capacidade de criar, sentir e conectar. Essas qualidades iluminam um futuro onde a serenidade é uma realidade que construímos juntos.

O Espírito Humano Insustituível

A Essência que Nos Conecta Além da Tecnologia

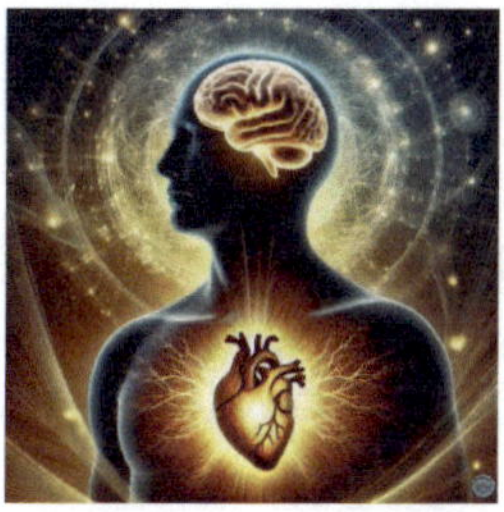

Celebrando Nossa Humanidade

Em um mundo automatizado e desconectado, é essencial valorizar as qualidades humanas: criatividade, empatia e conexão. Diferente da IA, que opera sem emoção, essas qualidades refletem nossa essência humana. Neste capítulo, inspirados na resiliência de Frida Kahlo, exploramos como cultivá-las leva a uma vida mais rica e à serenidade. Através de histórias e reflexões, celebramos a capacidade do espírito humano para encontrar beleza e paz no caos. Ao ler essas páginas, celebre os dons que você traz.

O Poder da Criatividade Humana

A criatividade é a essência de nossa humanidade. Pense em *Orquídeas Brancas ao Pôr do Sol [White Orchids in the Sunset]* da *Coleção Natureza*, um paisaje sonoro nascido junto a um lago, inspirado em uma brisa suave ao entardecer em uma varanda com vista para o Pacífico, onde orquídeas brancas transformam o momento. Esse momento não é apenas som; é a paz sentida, os recuerdos evocados e a conexão com a natureza. Diferente da IA, que opera com padrões, a criatividade humana, moldada por experiências, é uma essência que nenhum algoritmo pode replicar.

A IA pode gerar uma sinfonia ou um poema em segundos, mas não a partir de um coração comovido por um pôr do sol. Quando você escreve um verso ou cria um paisaje sonoro, derrama suas alegrias, lutas e perspectiva única. Essa é sua força, uma chave rumo à serenidade. Ao explorar as práticas deste livro, deixe fluir sua criatividade, é o que reflete sua única humanidade.

Empatia e Conexão: O Coração do Bem-Estar

A empatia é um dom profundo de nossa humanidade, a capacidade de se colocar no lugar do outro e conectar de maneiras que enriquecem a vida. Imagine compartilhar, não apenas palavras, mas uma janela para o seu mundo. Ou criar um paisaje sonoro como *Contemplações* da *coleção Serenidade*, para acalmar alguém, levando seu cuidado. Diferente da IA, que não sente empatia, esses atos forjam pontes de compreensão.

A IA pode sugerir uma lista de reprodução, mas não pode acompanhar você em silêncio nem rir com você ao recordar algo querido. Essas conexões, forjadas com empatia, nos envolvem em bem-estar e pertencimento. Compartilhe sua poesia, sua música, seu coração, é assim que curamos, crescemos e encontramos serenidade juntos.

Crescimento e Aprendizagem: Uma Jornada Humana

Sempre estamos crescendo, moldados pelas alegrias e desafios da vida. Diferente da IA, que não cresce emocionalmente, otimiza dados, mas não lida com a dúvida nem celebra avanços como nós. Neste livro, a poesia e os paisajes sonoros são ferramentas de crescimento. Talvez você tenha escrito um poema para expressar emoções ou criado um paisaje melódico para encontrar calma. Esse é você, crescendo com a experiência.

Em um mundo onde as máquinas nos superam em eficiência, o espírito humano é nossa maior força. Choramos com as melodias, compartilhamos a dor, sonhamos além do código. Mas se dependermos demais da IA, corremos o risco de perder esses dons, transformando a vida em uma troca estéril de dados. Hoje, devemos nutrir nossa criatividade, valorizar nossas conexões e deixar que as emoções nos guiem. A tecnologia pode ajudar, mas nosso toque humano mantém a vida vibrante e serena.

A Tensão entre Tecnologia e Humanidade

A tecnologia está em toda parte, a IA compõe música, escreve histórias, conversa como um amigo. Embora suas capacidades sejam notáveis, não captura a essência humana. Nossas emoções, empatia e capacidade de encontrar significado alimentam uma arte que comove, como o Paisaje Melódico *Novos Começos [New Beginnings]* da coleção *Odisseia*, inspirado na quietude de António Ramos Rosa, um momento que a IA pode imitar, mas não sentir.

Em um mundo onde as máquinas superam em eficiência, o espírito humano é nossa força. Choramos com melodias, compartilhamos a dor, sonhamos além do código. Mas se dependermos demais da IA, arriscamos perder esses dons, reduzindo a vida a uma troca de dados. Hoje, devemos nutrir nossa criatividade, valorizar nossas conexões e deixar que as emoções nos guiem.

A tecnologia pode acompanhar, mas nosso toque humano, infunde vida e serenidade. Diferente da IA, nossa criatividade, empatia e crescimento forjam uma arte que ressoa ou um poema que reflete sua alma. Nutra sua criatividade, compartilhe sua empatia, cresça com cada experiência. Esses dons humanos mantêm a existência vibrante e serena, um legado que construímos juntos.

Visualizando um Futuro Harmonioso

Como Criar Juntos um Futuro Equilibrado

¿Cómo seria um mundo com a serenidade em seu centro?

Como seria um mundo onde a serenidade e a harmonia prevaleçam? Neste capítulo, delineamos passos práticos para construir um futuro onde se valorizem a criatividade e a compaixão, e cada um contribua para o bem-estar coletivo. Diferente da IA, que carece de alma, nossa criatividade e compaixão dão forma a esse futuro. Ao integrar poesia, paisajes sonoros como meu paisaje melódico *Bem-Estar em Movimento [Wellness in Motion]* da coleção Serenidade e do *Álbum Zafiro* do *Pilar Abundância e Bênçãos*, e uma vida consciente, geramos ondas de paz que inspirem os outros. Visualize seu papel nesse futuro, sabendo que cada ato de serenidade é um passo rumo a um mundo mais pacífico.

Um Plano para a Serenidade

Imagine um futuro onde a IA gerencie tarefas mundanas, otimize rotas de tráfego, gere listas de compras, libertando-nos para o que nos inspira: escrever poesia, projetar paisajes sonoros, criar vínculos. Para alcançá-lo, atue com intenção. Aqui estão passos práticos para começar hoje:

Cultive sua prática criativa: Dedique tempo para escrever um poema, inspirado em Pablo Neruda, ou criar um paisaje melódico como *Contemplações* (Esclarecimento, Sabedoria). Diferente da IA, que não cria a partir da intuição, sua prática reflete sua alma. Dez minutos por dia fortalecem sua criatividade.

Use a tecnologia com sabedoria: Empregue ferramentas de IA, como apps de paisajes sonoros, para ampliar sua criatividade, mas personalize-as. Uma progressão de acordes gerada por IA é um início, mas sua melodia a torna única.

Defenda uma IA ética: Apoie tecnologias que priorizem o bem-estar, inspiradas na turquesa para uma comunicação serena. Defenda uma IA que fortaleça a conexão humana, não apenas a eficiência.

Construa comunidade através da arte: Compartilhe suas criações, um poema, um paisaje sonoro. Organize um círculo de poesia ou crie em colaboração para fomentar vínculos.

Colaborar com a Tecnologia

A IA é uma aliada poderosa quando guiada por emoções humanas. Imagine usar uma ferramenta de IA para acender uma rima, inspirada em António Ramos Rosa e depois entrelaçar sua história. Ou considere um app de paisajes sonoros que sugira frequências, mas você as mistura com o zumbido do quartzo rosa. Diferente da IA, que carece de emoções, nossas intenções dão alma à arte. A tecnologia amplifica nossos esforços, mas nossas emoções dão forma ao resultado.

Para manter o equilíbrio, use a IA com intenção. Pergunte-se: Como essa ferramenta pode servir ao meu bem-estar? Use-a para tarefas repetitivas, deixando espaço para a criatividade e a conexão. Ao colaborar com consciência, garantimos que a tecnologia apoie, e não eclipse, nossa humanidade.

Dar Forma a um Futuro Coletivo

Essa visão não é um sonho distante: é um mundo que construímos hoje. Cada poema que você escreve envia ondas de serenidade. Diferente da IA, que não fomenta comunidade, seus atos criam conexões humanas. Imagine uma sociedade, inspirada em Gabriela Mistral, onde as escolas ensinem paisajes sonoros junto com matemática, e os locais de trabalho ofereçam pausas poéticas para a empatia. Esses atos pequenos criam uma cultura que valoriza o espírito humano.

Contribua modelando a serenidade: compartilhe um paisaje sonoro com um colega para aliviar o estresse ou presenteie um poema a um vizinho. Equilíbrio Sereno se tornou um pilar dessa visão pela escuta compartilhada. Suas ações também podem alcançá-lo.

Seu Papel na Sinfonia

Você não é apenas um leitor: é um co-criador desse futuro harmonioso. Comece com algo pequeno: pegue uma caneta, um cristal, uma guitarra. Crie um poema, ou um paisaje melódico como *Novos Começos [New Beginnings]* da *Coleção Ternura* e do *Álbum Aguamarina* do *Pilar Foco e Clareza Mental*. Diferente da IA, que não cria a partir da alma, sua arte reflete sua essência. Colabore com a IA para enriquecer, não substituir, sua visão. Compartilhe sua arte para conectar. Esses passos, baseados nos *Doze Pilares do Bem-Estar*, constroem um mundo onde a serenidade é a essência de nossos dias.

Enquanto sonhamos com esse futuro, o próximo capítulo explora o poder transformador da música e da poesia, expressões da alma que nos ancoram na serenidade e inspiram um amanhã vibrante.

A Música, a Poesia e Nossa Alma Humana

A Arte que Sustenta Nossa Humanidade

O Poder da Arte Humana

Já se sentiu sobrecarregado pelo zumbido constante da tecnologia, como se estivesse perdendo o contato com sua essência humana? Em um mundo de telas e algoritmos, é fácil esquecer o poder da conexão. Diferente da IA, que carece de alma, nossa criatividade, empatia e capacidade de encontrar significado, expressas na poesia de Gabriela Mistral e em paisajes sonoros como meu paisaje melódico *Doces Lamentações [Sweet Lamentations]* da *Coleção Serenidade*, e do *Pilar Força e Coragem*, fomentam a serenidade. Neste capítulo, exploramos como abraçar nossa humanidade através da arte preserva o bem-estar, fortalece comunidades e nos ancora em uma vida vibrante.

O Poder da Arte com Alma

A música e a poesia são a expressão da alma humana. Lembro-me de compor o paisaje melódico *Delícia da Estação [Season Delight]* da *Coleção Natureza* e do *álbum Rubi* do *Pilar de Amor e Afeto*, inspirado na energia reconfortante do quartzo rosa. Um ouvinte disse que foi como um abraço inesperado. Diferente da IA, que gera sem sentir, essa conexão, nascida da experiência humana, é insubstituível.

Nenhum algoritmo replica o calor de uma melodia ou de um poema que captura uma perda.

Pense em um momento em que uma obra o deteve, talvez Solo le pido a Dios de León Gieco ou um poema de Pablo Neruda, convidando-o a refletir sobre a vida. Essas obras ressoam porque provêm de corações humanos, convidando-nos a sentir, curar e conectar. Minhas cinco coleções e doze álbuns, cada um ligado a um pilar do bem-estar, como a ametista para a calma, são testemunho dessa verdade. Não são apenas arte: são convites à serenidade.

Curar através da Expressão

Criar arte é um caminho rumo ao bem-estar. Quando você escreve um poema, expressa emoções, dá voz a alegrias ou tristezas. Um paisaje sonoro, com camadas de ondas ou sininhos, como os poemas na coleção Serenidade, acalma sua mente. Diferente da IA, que não transforma emoções, a arte humana cura, oferecendo um refúgio frente ao ruído digital. Uma leitora escreveu um verso sobre seu pai falecido e encontrou paz. Esse é o poder da criatividade humana: transformar a dor em beleza.

Você não precisa ser poeta nem compositor. Anote uma linha sobre um pôr do sol. Tarareie uma melodia que o faça se sentir em casa. Esses pequenos atos o reconectam com sua alma, cultivando resiliência e calma, um vínculo com nossos valores.

Forjando Vínculos através da Arte

A arte forja comunidade. Compartilhar um poema, inspirado em António Ramos Rosa, ou reproduzir um paisaje sonoro para um amigo cria laços que a tecnologia não iguala. Diferente da IA, que não sente empatia, a arte humana une. Em uma oficina, os participantes criaram paisajes sonoros inspirados na alegria do citrino, e a sala vibrou com risos e compreensão, uma energia que nenhuma IA pode replicar. Esses momentos nos lembram que não estamos sós.

Considere formar um grupo de poesia ou compartilhar uma lista de reprodução com alguém querido. Esses atos, enraizados na empatia, espalham serenidade. A *Coleção Serenidade*, com peças como o paisaje melódico *Luz Noturna [Nocturnal Light]* da *Coleção Natureza*, pode gerar conversas sobre a paz. Sua arte pode estender pontes em um mundo fragmentado.

Ancorando Nossa Humanidade

Em um mundo impulsionado pela IA, a música e a poesia nos ancoram. São expressões humanas, alimentadas por emoções e histórias que nenhuma máquina pode viver. Diferente da IA, que não vive histórias, nossas criações refletem nossa humanidade. A IA pode sugerir uma rima, mas só você escreve um verso do coração. Um app de paisagismo sonoro oferece sons, mas sua intuição, como no paisaje melódico *Novos Começos [New Beginnings]* da *Coleção Odisseia* e do *álbum Diamante* do *Pilar de Força e Coragem*, os converte em significado. Esse enraizamento nos permite usar a tecnologia com propósito, a serviço do bem-estar.

Meu trabalho, cada paisaje melódico, cada poema, é um passo rumo à paz. O seu também pode sê-lo. Escreva, cante, compartilhe. Deixe que a arte o conecte com sua essência, mantendo-nos vivos, conectados e humanos.

Um Convite para Criar

Visualizo um futuro onde brilha nossa humanidade, um mundo onde a música e a poesia marcam a essência de nossos dias. Diferente da IA, que não cria a partir da alma, sua arte forja um futuro humano.

Esse futuro começa com você. Pegue um lápis, tarareie, compartilhe um verso. Você é poeta, criador de sons. Minhas coleções são prova do poder da arte, e estão aqui para inspirar a sua.

O capítulo final oferece recursos: exercícios guiados, ferramentas para criar paisajes sonoros, propostas poéticas e leituras para aprofundar sua prática. Criamos um mundo onde a serenidade flui por cada palavra e onda, celebrando ser humano como o presente que é.

Fim da Parte VII

Conclusão

Um Chamado à Harmonia

Ao fechar este livro, é momento de integrar as ferramentas que reunimos em tua vida cotidiana: poesia, paisagismo sonoro e reflexão consciente. Diferente da IA, que não sente, essas práticas refletem nossa humanidade. Inspirados na introspecção, este capítulo te convida a compartilhar a serenidade, por meio de pequenos atos de bondade ou inspirando os outros a percorrerem seu caminho. O sendero rumo à harmonia o percorremos juntos, e teu compromisso pode ser uma inspiração para os outros.

Uma Reflexão Poética e Visionária

Querido leitor, imagina que estás à beira de um oceano, com ondas sussurrando segredos enquanto acariciam teus pés, e o vento leva uma canção tecida por vozes humanas através dos séculos. Juntos, exploramos a expressão atemporal da poesia e do paisagismo sonoro, como o paisaje melódico *Novos Começos [New Beginnings]* da *Coleção Odisseia,* como caminhos rumo ao bem-estar.

Olha para frente. Vivemos em um mundo onde a IA compõe com precisão mecânica, mas o que nos distingue é o que ela não pode fazer: sentir a emoção de um pôr do sol, sonhar em metáforas, ou encontrar consolo em uma melodia nascida de um coração partido. Diferente da IA, a música e a poesia são a essência de nossa humanidade, resistindo à maré da automação. O bem-estar é a harmonia que cultivamos, um espaço cuidado por nossa humanidade.

Imagina um futuro onde a tecnologia nos eleva, não nos ofusca. Visualiza paisagens sonoras projetadas com IA, mas impregnadas de intenção humana, ou círculos de poesia virtuais onde vozes globais, como as de Neruda, tecem histórias compartilhadas, cada palavra um testemunho de nossa vida. Esta jornada abraça o progresso com nossa humanidade como guia. Os cristais de nossas coleções, símbolos de força, clareza e paz, nos lembram que a serenidade é um direito universal.

Um Convite à Inspiração e à Conexão

Para onde vamos a partir daqui? A beleza desta jornada é que não termina com a última página, é tua para continuar. Pensa em um pai ou mãe que lê um poema todas as manhãs, encontrando calma antes do dia. Ou em uma amiga que cria equilíbrio sereno e o compartilha para aliviar um ente querido. Não se precisam gestos grandiosos, mas ondas que espalham serenidade além do visível.

A poesia e o paisagismo sonoro foram meus companheiros. Quando as palavras pesavam, um verso as libertou. Quando o mundo era ruidoso, um paisaje sonoro me centrou. Não falo como expert, mas como alguém que caminhou contigo, encontrando harmonia no caos. Tu também podes fazê-lo.

Em uma era onde a IA imita quase tudo, nossa essência humana, nossa capacidade de criar, conectar e cuidar, ilumina o caminho. Diferente da IA, que imita sem sentir, nossa essência humana é nossa força. Não precisas ser poeta nem músico; só sê tu. Escreve uma linha que te comova, tarareia Equilíbrio Sereno, ou escuta os sons à tua volta. Compartilha um poema com um amigo, um momento de paz com tua comunidade, e observa como cresce.

Este livro termina, mas tua jornada não. És parte de um coro de vozes buscando harmonia. Em um mundo sintético, a serenidade é nossa resistência, nosso presente, nossa força. Levá-la contigo, cultivá-la, compartilhá-la. Construamos esse futuro juntos, uma palavra, uma onda, um batimento humano de cada vez.

E para fechar, aqui tens um verso simples para levar contigo:

Em cada nota vibra um astro no ar,
o verso desvela um saber sem par.
Brilha a alma qual cristal a pulsar,
e no silêncio brota o essencial a florir.

Exploramos como a poesia, inspirada em António Ramos Rosa transforma o caos em calma, alivia a mente, e como a atenção plena nos ancora no presente. Diferente da IA, que não sente, nossa humanidade dá vida a essas práticas. Nesta convite à harmonia, lembramos por que ser humanos importa hoje mais do que nunca. No próximo capítulo, aprofundaremos no significado de nossa humanidade em um mundo em transformação, destacando como a serenidade protege nosso bem-estar e nosso futuro compartilhado.

Tu, com tua voz única, podes inspirar ondas de serenidade nos outros.

Epílogo: Harmonia na Vida

Uma Visão para um Futuro Sereno

«O tempo poderia ser feito para servir à mente.»

— Frank Herbert, Dune

Ao fechar este livro, reflitamos sobre a jornada compartilhada. Neste epílogo, inspirados na poesia de Gabriela Mistral, celebramos as lições aprendidas, desde a poesia que transforma o caos até os paisajes sonoros como *Ecos de Calma* (Serenidade, Calma) que acalmam a alma. Diferente da IA, que não sente, nosso espírito humano, único e insubstituível, dá vida a essas práticas. Ao longo dos capítulos anteriores, imaginamos um mundo impregnado de serenidade. Agora, convido-te a integrar essas práticas em tua vida diária, levando a essência da serenidade, compartilhando-a com os outros e contribuindo para um futuro sereno e harmonioso.

"O senso de equilíbrio de uma pessoa mede-se pela forma como enfrenta o inesperado."

Brian Herbert e Kevin J. Anderson, Navegadores de Duna

Recursos para Teu Caminho Rumo à Serenidade

Teu caminho rumo à serenidade mal começou. Para te inspirar, reuni uma seleção de recursos que enriquecem tua prática de poesia, paisagismo sonoro e bem-estar criativo, como os poemas de Claribel Alegría ou Ecos de Calma (Serenidade, Calma). Diferente da IA, que carece de alma, esses recursos refletem a criatividade humana, oferecendo poesia recomendada, ferramentas de paisagismo sonoro, exercícios guiados e leituras complementares. Incluo opções gratuitas e pagas para todos os leitores. Ao explorá-los, lembra-te de que a serenidade é uma prática para toda a vida, sempre com mais a descobrir, aliada ao teu caminho.

Recursos Adicionais

Formas Principais da Poesia

Soneto

Um poema de 14 versos, tradicionalmente escrito em pentâmetro iâmbico (dez sílabas por verso com um ritmo átono-tônico). Existem dois tipos principais:

- Soneto shakesperiano (inglês): Três quartetos e um pareado, com o esquema de rima ABAB CDCD EFEF GG.
- Soneto petrarquista (italiano): Um octava e um sexteto, com um esquema de rima como ABBAABBA CDECDE.

Os sonetos geralmente exploram temas como o amor, a beleza, o tempo ou a mortalidade. Sua estrutura métrica oferece um quadro para a expressão profunda de emoções ou ideias filosóficas.

Exemplo hispânico: “Soneto XXIII” de Garcilaso de la Vega ("Enquanto de rosa e azucena...")

Sensações que evocam: amor, anseio, introspecção e resolução. A forma estruturada cria um senso de ordem, que pode ser sentido como estabilizador ou restritivo, enquanto a volta (o giro do pensamento) geralmente traz clareza, revelação ou uma aceitação agridoce.

Haiku

Um poema de três versos com um padrão silábico de 5-7-5, originário do Japão. Tradicionalmente, foca na natureza e inclui uma referência sazonal.

Exemplo: Haikus de António Ramos Rosa

O haiku busca capturar um momento fugaz por meio de imagens vívidas e simplicidade. Sua brevidade fomenta a precisão e transmite uma sensação de calma ou assombro. Os haikus modernos podem flexibilizar a métrica, mantendo o estilo conciso e reflexivo.

Sensações que evocam: tranquilidade, assombro, melancolia ou beleza efêmera. Sua brevidade convida a uma introspecção silenciosa ou a uma consciência agridoce da impermanência da vida.

Limerick

Poema de cinco versos com um esquema de rima AABBA. Os versos 1, 2 e 5 são mais longos e rimam entre si, enquanto os versos 3 e 4 são mais curtos e compartilham outra rima.

Os limericks são lúdicos e humorísticos, frequentemente com conteúdo absurdo ou engenhoso. Seu ritmo saltitante os torna memoráveis e divertidos, como nas obras de Greguerías de Ramón Gómez de la Serna.

Sensações que evocam: humor, alegria, surpresa ou irreverência brincalhona. Frequentemente provocam riso ou diversão, embora possam também conter crítica ou sátira sutil.

Balada

Poema narrativo, geralmente escrito em quartetos (estrofes de quatro versos) com um esquema de rima simples como ABCB. As baladas narram histórias de amor, tragédia ou aventura.

Muitas provêm de tradições orais, o que as torna acessíveis graças à sua estrutura direta. Transmitem emoção e drama, como em "Romance do prisioneiro" (Anônimo).

Sensações que evocam: nostalgia, empatia, tristeza ou aventura. Dependendo da narrativa, podem gerar suspense, romantismo ou tragédia, com um ar de destino inevitável.

Oda

Poema lírico que elogia ou glorifica uma pessoa, lugar, objeto ou ideia. Sua estrutura varia, desde as odas pindáricas formais (com estrofes de estrofe, antístrofe e epodo) até odas modernas mais livres.

As odas exaltam seu tema com um tom celebratório, usando imagens ricas e emoções profundas. Exemplo: "Oda à cebola" de Pablo Neruda.

Sensações que evocam: admiração, reverência, gratidão ou transcendência. Seu tom eleva o cotidiano ao sublime.

Elegia

Poema de luto ou reflexão, que geralmente lamenta uma perda ou a morte. Não tem estrutura fixa, mas mantém um tom solene.

As elegias oferecem um espaço para a dor e a contemplação, misturando emoção pessoal com temas universais. Exemplo: "Choro por Ignacio Sánchez Mejías" de Federico García Lorca.

Sensações que evocam: tristeza, reflexão, luto e, às vezes, aceitação. Oferecem consolo e orientação rumo à paz interior ou à memória compartilhada.

Épica

Poema narrativo extenso que relata as façanhas heroicas de figuras lendárias, frequentemente com elementos sobrenaturais. Escreve-se em um estilo grandioso e elevado.

As épicas refletem valores culturais e história, servindo como entretenimento e instrução moral. Exemplo: "Cantar de Mio Cid" (Anônimo).

Sensações que evocam: assombro, emoção, admiração e grandeza. Inspiram orgulho, valentia ou conexão cultural, imergindo o leitor em um mundo mítico.

Verso Livre

Poesia sem esquema de rima nem métrica fixa, o que permite flexibilidade na longitude e estrutura dos versos.

Imita o ritmo natural da fala e enfatiza a imagem, o tom e os cortes de verso para expressar significado. Exemplo: "Altazor" de Vicente Huidobro.

Sensações que evocam: intimidade, liberdade, vulnerabilidade ou caos. Frequentemente se sente autêntico, imediato e visceral.

Vilanela

Poema de 19 versos composto por cinco tercetos e um quarteto final. Apresenta dois refrões e um esquema de rima ABA, com repetições específicas de linhas.

A repetição gera um efeito hipnótico e musical, intensificando as emoções. Exemplo: "A canção desesperada" de Pablo Neruda.

Sensações que evocam: obsessão, anseio, urgência ou inevitabilidade. A repetição adiciona intensidade emocional e dramatismo.

Sextina

Poema de 39 versos com seis estrofes de seis versos e uma conclusão de três versos (envio). Não usa rima, mas repete seis palavras finais em um padrão rotativo complexo.

Sua estrutura desafiadora permite uma exploração profunda do tema, com múltiplas camadas de significado. Exemplo: "Sextina" de Jaime Gil de Biedma.

Sensações que evocam: complexidade, profundidade e conexão. Cria uma sensação de entrelaçamento ou evolução do pensamento.

Ghazal

Série de pareados (geralmente cinco ou mais) de tradição do Oriente Médio e Ásia do Sul. Cada pareado compartilha um refrão e rima, e mantém certa independência temática.

Geralmente aborda o amor, a perda ou o desejo com grande intensidade emocional. A repetição cria uma qualidade meditativa, como nos poemas "Gacelas do Divã do Tamarit" de Federico García Lorca.

Sensações que evocam: anseio, paixão, melancolia ou busca espiritual. O refrão reforça a emoção de desejo não satisfeito.

Pantoum

Poema em quartetos onde os versos 2 e 4 de cada estrofe se repetem como os versos 1 e 3 da seguinte, criando um padrão circular.

A repetição une os temas, dando uma sensação de continuidade ou obsessão. É eficaz para poesia introspectiva ou hipnótica. Como a poesia de Eduardo Chirinos ou José Watanabe com estruturas repetitivas.

Sensações que evocam: nostalgia, reflexão ou tempo cíclico. As linhas repetidas podem provocar uma sensação inquietante ou de destino.

Acróstico

Poema em que as letras iniciais de cada verso formam uma palavra ou frase ao ler-se verticalmente.

Combina o jogo de palavras com o significado, frequentemente como tributo ou enigma. Pode ser simples ou complexo, dependendo da mensagem oculta. Como "A uma dama que levava o nome de LUZ" (Anônimo).

Sensações que evocam: surpresa, intimidade, engenho ou revelação. A mensagem escondida adiciona um elemento de cumplicidade.

Poesia Concreta

Poesia em que a disposição visual das palavras forma uma imagem relacionada ao tema, potencializando seu significado.

Combina arte visual e linguagem, fazendo com que a forma do poema seja tão importante quanto seu conteúdo. Exemplo: Poemas visuais de Joan Brossa.

Sensações que evocam: maravilha, harmonia, surpresa ou caos. A forma visual intensifica a experiência emocional ou conceitual do poema.

Palavra Falada

Poesia criada para ser interpretada oralmente, com ênfase no ritmo, na entonação e em temas sociais ou políticos.

Atrai o público através da teatralidade e do som, destacando-se em palcos ao vivo como os poetry slams. Une a poesia com a arte cênica. Como Recitais poéticos de Pedro Lemebel ou Roque Dalton.

Sensações que evocam: paixão, urgência, raiva, alegria ou solidariedade. Pode inspirar empoderamento ou conexão comunitária.

Formas Adicionais Notáveis

Além das formas anteriores, a poesia oferece uma riqueza de estruturas. Algumas outras destacadas incluem:

• Tanka: Poema japonês de cinco versos com padrão silábico 5-7-5-7-7, que amplia o momento do haiku em uma reflexão mais ampla.

• Rondó: Poema de 15 versos com refrão e esquema de rima AABBA AABR AABBAR, usado para expressão lírica.

• Terza Rima: Estrofes de três versos com rima encadeada (ABA BCB CDC), usada magistralmente por Dante em A Divina Comédia.

• Verso Branco: Pentâmetro iâmbico sem rima, comum na poesia dramática inglesa como nas obras de Shakespeare.

• Cinquain: Poema de cinco versos com padrão silábico 2-4-6-8-2, que cria uma estrutura breve e evocadora.

Poesia Sem Fronteiras

Tradições Multiculturais e Seculares

Tradições Poéticas que São Multiculturais ou Seculares Refletem a Diversidade da Experiência Humana, já Seja ao Entrelaçar Influências de Múltiplas Culturas ou ao Explorar Temas Fora de Contextos Religiosos. A Seguir, Descreverei Essas Tradições Separadamente e Destacarei Exemplos Onde Se Superpõem, Fornecendo uma Imagem Clara de Cada Uma.

Tradições Poéticas Multiculturais

As tradições poéticas multiculturais abraçam a mistura de diversos elementos culturais, frequentemente emergindo em sociedades onde se cruzam várias identidades étnicas, linguísticas ou nacionais. Essas tradições refletem os antecedentes dos poetas ou a natureza globalizada da literatura contemporânea, celebrando a diversidade cultural por meio da linguagem, da forma e dos temas.

Renascimento de Harlem: Este movimento nos Estados Unidos do início do século XX celebrou a cultura afro-americana enquanto dialogava com tradições literárias americanas e globais mais amplas. Poetas como Langston Hughes incorporaram ritmos de jazz, influências do blues e o folclore afro-americano em sua obra, criando uma voz poética multicultural vibrante que ressoou além de suas origens culturais.

Poesia Pós-Colonial: Surgida em regiões moldadas pelo colonialismo, esta tradição navega pelas interseções de culturas indígenas e coloniais. Poetas como Derek Walcott, do Caribe, misturam influências africanas, europeas e indígenas, utilizando múltiplas línguas ou formas híbridas para explorar temas de história, identidade e pertencimento, refletindo frequentemente a complexidade das sociedades multiculturais.

Poesia Oral e de Slam: Uma tradição contemporânea, a poesia oral oferece uma plataforma para que poetas de diversos origens compartilhem suas histórias. Enraizada em tradições orais como a narrativa afro-americana, evoluiu para um fenômeno global, com poetas abordando a identidade, a justiça social e o patrimônio cultural em performances dinâmicas que transcendem as fronteiras culturais.

Tradições Poéticas Seculares

As tradições poéticas seculares priorizam temas não religiosos, centrando-se em preocupações pessoais, sociais ou políticas em vez de assuntos espirituais ou doutrinários. Essas tradições abrangem séculos e culturas, oferecendo um espaço para explorar a amplitude da experiência humana sem restrições religiosas.

Poesia Lírica: Desde a Grécia antiga até o Renascimento e além, a poesia lírica centra-se em emoções pessoais — amor, desejo, dor — em vez da devoção religiosa. O soneto, por exemplo, tem sido utilizado por poetas como Shakespeare para expressar paixões seculares, uma prática que persiste no verso livre moderno.

Poesia da Natureza: Esta tradição, exemplificada por poetas românticos como William Wordsworth, explora o mundo natural e a relação da humanidade com ele. Embora a natureza possa ter matizes espirituais, os poetas dessa corrente frequentemente concentram-se na experiência sensorial e na reflexão emocional, mantendo uma perspectiva secular livre de doutrinas religiosas.

Poesia Política e de Protesto: Abordando problemas sociais como a desigualdade, a guerra ou a opressão, esta tradição utiliza a poesia como uma ferramenta para a crítica e a mudança. Poetas como Pablo Neruda, com seus versos politicamente carregados, concentram-se em preocupações humanísticas — justiça, liberdade, solidariedade — sem depender de marcos religiosos.

Tradições que São Tanto Multiculturais quanto Seculares

Algumas tradições poéticas incorporam qualidades tanto multiculturais quanto seculares, criando espaços inclusivos onde diversas vozes convergem em torno de temas humanos universais.

Geração Beat: Na América do século XX médio, poetas como Allen Ginsberg e Gary Snyder inspiraram-se em filosofias orientais, na cultura do jazz e em influências literárias globais. Sua obra frequentemente tinha um ethos contracultural e secular, desafiando os valores dominantes — incluindo as normas religiosas — enquanto abraçava um tapeçaria multicultural de ideias.

Poesia da Diáspora: Escrita por poetas que navegam por múltiplas identidades culturais, esta tradição frequentemente centra-se em temas seculares como a migração, a hibridez e o pertencimento. Poetas como Li-Young Lee, sino-americano, tecem sua herança cultural em explorações da família e da identidade, geralmente sem uma lente religiosa, tornando sua obra tanto multicultural quanto secular.

Festivais Internacionais de Poesia: Eventos como o Festival Internacional de Poesia de Roterdã reúnem poetas de todo o mundo, celebrando a diversidade linguística e cultural em um ambiente secular. Essas reuniões enfatizam a expressão artística sobre a afiliação religiosa, fomentando o intercâmbio multicultural em um terreno humano compartilhado.

Interação e Significado

As tradições poéticas multiculturais celebram a diversidade cultural, enquanto as tradições seculares enfatizam a exploração não religiosa. Onde se superpõem, frequentemente fornecem um espaço comum para que poetas de diversos origens se conectem — já seja através de experiências compartilhadas de modernidade, migração ou luta social — sem as divisões que as diferenças religiosas poderiam impor. Por exemplo, o secularismo na poesia pode facilitar a expressão multicultural ao oferecer uma plataforma neutra, como se vê em comunidades poéticas online ou em ambientes universitários onde diversas vozes se unem em torno da arte em vez da fé.

Em essência, as tradições poéticas multiculturais e seculares enriquecem a literatura ao ampliar seu alcance — extraindo das culturas do mundo e aprofundando no espectro completo das preocupações humanas, livres de fronteiras religiosas. Não são mutuamente exclusivas; muitas tradições e poetas combinam ambas as qualidades, refletindo a interconexão de nosso mundo globalizado.

Tradições Multiculturais e Seculares

A seguir, apresento uma breve lista de poemas relacionados à "Serenidade", cada um com um pequeno fragmento e a fonte onde é possível ler a obra completa.

"Rio Calmo", de João Pires:

Rio calmo, que fluis com segurança
Entre árvores frondosas que te cercam
As sombras frescas do sol estival
Tornam-te num refúgio de paz e calma.

A natureza em todo o seu esplendor
Revela-se nas tuas águas cristalinas
Um convite à serenidade
Que invoca a alma para a contemplação.

No teu leito vivem as plantas aquáticas
Floram com beleza e delicadeza
E os pássaros em harmonia
Cantam melodias de paz e liberdade.

Aqui as preocupações desaparecem
Onde o espírito encontra repouso
No sossego do teu curso lento
E na frescura das sombras que te envolvem.

Oh, rio calmo, fonte de paz e vida
Uma poesia viva na tua corrente
Que lembra da importância da natureza
E da tranquilidade que podes oferecer.

Recursos Adicionais

Fontes para Acessar Sons Ambientais

Os sons ambientais abrangem uma ampla gama de ambientes auditivos, desde cenários naturais até atmosferas urbanas e fantásticas.

Você pode acessar sons ambientais pré-gravados gratuitos em vários sites confiáveis, perfeitos para projetos pessoais ou relaxamento. Aqui estão algumas das melhores opções:

- Pixabay (Pixabay) oferece mais de 4.138 efeitos de som ambientais livres de direitos, sem necessidade de atribuição.
- Zapsplat (Zapsplat) fornece mais de 150.000 sons ambientais profissionais gratuitos.
- Ambient-mixer.com (Ambient-mixer.com) permite ouvir e criar misturas personalizadas gratuitamente, ideal para relaxamento.
- PremiumBeat (PremiumBeat) inclui 15 faixas de fundo ambientais gratuitas para uso em projetos.
- FreeSoundLibrary.com (FreeSoundLibrary.com) oferece sons gratuitos para concentração e sono.
- Mixkit (Mixkit) conta com 36 efeitos de som ambientais gratuitos prontos para uso.
- A Soft Murmur (A Soft Murmur) permite misturar sons ambientais gratuitamente para ajudar na concentração ou no relaxamento.
- Free Music Archive (Free Music Archive) oferece faixas de música ambiental gratuitas.
- Freesound.org (Freesound.org) é uma plataforma comunitária com

muitos sons ambientais gratuitos.

- Uppbeat.io (Uppbeat.io) fornece mais de 1.470 efeitos de som ambientais gratuitos para diversos meios.

Fontes de sons ambientais pagas

Para projetos comerciais ou de maior qualidade, considere estas opções pagas, que frequentemente oferecem assinaturas ou compras únicas:

- BOOM Library (BOOM Library) oferece sons ambientais profissionais, incluindo atmosferas naturais, com opções de compra única ou assinatura.
- Pro Sound Effects (Pro Sound Effects) dispõe de uma ampla gama de efeitos ambientais para compra, ideais para projetos profissionais.
- SONNISS (SONNISS) oferece bibliotecas de sons ambientais para criadores, com várias opções pagas.
- Epidemic Sound (Epidemic Sound) é um serviço de assinatura com música ambiental livre de direitos.
- PremiumBeat (PremiumBeat) oferece faixas de música ambiental pagas para licenciamento.
- Soundstripe (Soundstripe) fornece faixas de música ambiental baseadas em assinatura.
- Bensound (Bensound) tem faixas de música ambiental pagas, juntamente com algumas opções gratuitas.
- AudioJungle (AudioJungle) é um marketplace para comprar efeitos de som e faixas de música ambientais individuais.

Ferramentas e aplicativos para paisagens sonoras

Estas ferramentas e aplicativos ajudarão você a criar ou acessar paisagens sonoras relaxantes, desde sons da natureza até batidas binaurais. Incluem opções gratuitas e pagas.

Aplicativos para paisagens sonoras personalizadas:

- Calm (versão gratuita disponível; assinatura paga para acesso completo): Oferece sons ambientais e meditações guiadas.
- MyNoise (gratuito com doações opcionais): Permite criar paisagens sonoras personalizadas.

Sons ambientais pré-gravados:

- Noisli (versão gratuita; pago para funções adicionais): Fornece ruídos de fundo de alta qualidade, como chuva, florestas e sons de cafeterias.

Batidas binaurais e ruído branco:

- Brain.fm (pago, com teste gratuito): Utiliza música gerada por IA para melhorar a concentração, o relaxamento ou o sono.
- White Noise Lite (gratuito): Oferece uma variedade de opções de ruído branco para dormir ou concentrar-se.

Outras fontes de sons ambientais pré-gravados:

- Tabletop Audio (Tabletop Audio) (gratuito com opções de doação):

Fornece faixas ambientais projetadas para jogos de role-playing e narração, como florestas encantadas ou cidades futuristas.

- SoundCloud (SoundCloud) (gratuito com opções pagas): Muitos artistas carregam faixas ambientais gratuitas; algumas requerem assinatura para acesso completo.
- YouTube Audio Library (YouTube Audio Library) (gratuito): Oferece uma seleção de música e efeitos de som ambientais livres de direitos para criadores de conteúdo.
- Bandcamp (Bandcamp) (gratuito e pago): Alguns artistas oferecem álbuns ambientais gratuitos ou de baixo custo, ideais para relaxamento ou projetos criativos.

Composições Originais para Piano

Coleção Serenidade

Coleção Odisseia

Coleção Esclarecimento

Coleção Ternura

Coleção Natureza

Da Coleção Serenidade:

Composições Originais para Piano

- Jornada Mística
- Memórias Nostálgicas
- Uma Poesia de Solidão
- Momento Orgánico
- Una Vida Extraordinaria
- As Cores da Vida
- Contemplações
- A Vida é uma Jornada
- Para a Luz
- Lamentações Doces
- Vazio Harmônico
- Uma Canção de Ninar de Guerreiro
- Acelerando o Impulso

Da Coleção Odisseia

Composições Originais para Piano

- A Maravilha da Vida
- A Vida Continua
- Novos Começos
- A Chegada
- Rumo à Esperança
- Ilusão Frágil
- Mundos Estranhos
- Decepções de Confete
- No Vórtice de um Coração Roxo
- Uma Valsa de Trapezista
- Busca Lágrima
- O Carrossel de Dimensões Invertidas
- A Guerra Interior
- Desloque-me
- Renovação Resiliente

- Exílios Duradouros
- Adeus Carina

Da Coleção Esclarecimento: Composições Originais para Piano

- Momentos Encantadores
- Na Força e na Fraqueza
- Sentindo Alegria
- O Solilóquio do Sábio
- O Chamado
- Intenções Conscientes
- Autenticidade
- Contornando a Verdade
- Revelação Desanimada
- Procurando no Crepúsculo
- Um Conto Perfeito de Imperfeições
- Através da Tempestade de Tranquilidade
- Cultivando a Consciência

- Renovação Resiliente
- Dissonância Significativa

Da Coleção Ternura

Composições Originais para Piano

- Uma e Outra Vez
- O Reencontro
- Você é meu Santuário
- Amor Longe
- Serenata Proibida
- Uma Canção para minhas Filhas
- Aqueles Sentimentos Preciosos
- O Dia em que Você Nasceu
- Um Conto de Ilusões
- Ella
- Isso É
- Uma Irmandade
- A Reunião

Da Coleção Natureza

Composições Originais para Piano

- Orquídeas Brancas ao Pôr do Sol
- Treze Luzes Brilhantes
- Luz Noturna
- Primavera Sete de Sete
- Horizontes Velados
- Deleite da Estação
- Brisa Dançante ao Ocas
- Chuva Dourada
- Sopro de uma Pena
- Navegando na Ensonação
- O Despertar de um Tucano

Exercícios de Poesia e Som para Reflexão e Relaxamento

Estes exercícios combinam poesia e som para criar experiências imersivas de reflexão e relaxamento. Comece com práticas simples e avance para compromissos mais profundos.

Exercício 1: Leitura Consciente de Poesia

Selecione um poema da lista recomendada (por exemplo, "Volverán las oscuras golondrinas" de Gustavo Adolfo Bécquer).

Combine-o com um paisaje sonoro relaxante (por exemplo, ondas do oceano de Calm).

Leia o poema em voz alta, focando na sua respiração entre cada verso.

Exercício 2: Escrita com Som Aprimorado

Escolha um poema reflexivo (por exemplo, "Poema 20" de Pablo Neruda).

Reproduza um paisaje sonoro suave (por exemplo, sons de floresta de Noisli).

Escreva sobre as emoções que o poema evoca enquanto você está imerso no som.

Exercício 3: Som Imersivo e Palavra Falada

Grave-se lendo um poema favorito.
Sobreponha-o a um paisaje sonoro personalizado usando MyNoise.
Ouça a gravação durante a meditação ou o relaxamento.

Passagens Bíblicas do Antigo Testamento Acerca da Serenidade

1. **"O SENHOR pelejará por vós, e vós vos calareis." — Êxodo 14:14**

   Este versículo, falado por Moisés aos israelitas enquanto enfrentavam o exército egípcio, fomenta uma confiança tranquila na libertação de Deus, promovendo a serenidade ao instar à quietude frente ao perigo.

2. **"O Senhor te abençoe e te guarde; o Senhor faça resplandecer o seu rosto sobre ti e te conceda graça; o Senhor volte para ti o seu rosto e te dê paz." — Números 6:24-26**

   Conhecido como a bênção sacerdotal, este trecho oferece serenidade através do dom da paz de Deus, ligado ao Seu favor e presença protetora.

3. **"Sujeite-se a Deus e fique em paz com ele; assim a prosperidade virá a você." — Jó 22:21**

   Elifaz sugere a Jó que render-se a Deus traz paz, apresentando a serenidade como resultado da reconciliação e da confiança nEle.

4. **"Em paz me deito e logo adormeço, pois só tu, SENHOR, me fazes viver em segurança." — Salmos 4:8**

   Este versículo, pronunciado por Davi, reflete uma profunda serenidade nascida da confiança absoluta na proteção divina. Em meio às adversidades, Davi encontra descanso físico e espiritual, sabendo que só o

Senhor lhe outorga segurança. A imagem de deitar-se e dormir em paz evoca uma tranquilidade que transcende as preocupações humanas, sublinhando que a verdadeira serenidade provém da certeza de estar sob o cuidado soberano de Deus.

5. **"Ele me faz repousar em pastos verdejantes e me conduz a águas tranquilas." — Salmos 23:2**

   Este versículo bem conhecido usa imagens de águas tranquilas e pastos repousados para descrever a tranquilidade e serenidade proporcionadas pelo cuidado de Deus.

6. **"O Senhor dá força ao seu povo; o Senhor abençoa o seu povo com a paz." — Salmos 29:11**

   A serenidade se apresenta como uma bênção divina, onde Deus outorga paz junto com fortaleza ao Seu povo.

7. **"Descanse no Senhor e aguarde por ele com paciência; não se aborreça com o sucesso dos outros, nem com aqueles que maquinam o mal." — Salmos 37:7**

   Davi chama a uma paciência serena e confiança em Deus, resistindo a preocupação apesar do aparente sucesso dos malvados.

8. **"Parem de lutar! Saibam que eu sou Deus! Serei exaltado entre as nações, serei exaltado na terra." — Salmos 46:10**

   Este versículo promove a serenidade através da quietude e do reconhecimento do poder soberano de Deus, acalmando os temores com Sua autoridade suprema.

9. **"Melhor é um pedaço de pão seco com paz e tranquilidade do que uma casa onde há banquetes, e muitas brigas." — Provérbios 17:1**

   Este provérbio ressalta o valor da serenidade, preferindo a paz e a quietude sobre a abundância marcada pelo conflito.

10. **"Tu guardarás em perfeita paz aquele cujo propósito está firme,**

porque ele confia em ti." — Isaías 26:3

Isaías vincula a serenidade com uma confiança inabalável em Deus, prometendo paz perfeita àqueles que permanecem firmes na fé.

11. **"O fruto da justiça será paz; o resultado da justiça será tranquilidade e confiança para sempre." — Isaías 32:17**

Este versículo apresenta a serenidade como um resultado duradouro da justiça, marcado por paz, quietude e confiança para sempre.

Passagens Bíblicas do Novo Testamento Acerca da Serenidade

1. **"Portanto, não se preocupem, dizendo: 'Que vamos comer?' ou 'que vamos beber?' ou 'que vamos vestir?' Pois os pagãos é que correm atrás dessas coisas; mas o Pai celestial sabe que vocês precisam delas. Busquem, pois, em primeiro lugar o Reino de Deus e a sua justiça, e todas essas coisas lhes serão acrescentadas. Portanto, não se preocupem com o amanhã, pois o amanhã se preocupará consigo mesmo. Basta a cada dia o seu próprio mal." — Mateus 6:31-34**

   Jesus fomenta a serenidade ao instar a confiar na provisão de Deus e focar no Seu reino, liberando os crentes da ansiedade pelas necessidades materiais.

2. **"Venham a mim, todos os que estão cansados e sobrecarregados, e eu lhes darei descanso. Tomem sobre vocês o meu jugo e aprendam de mim, pois sou manso e humilde de coração, e vocês encontrarão descanso para as suas almas. Pois o meu jugo é suave e o meu fardo é leve." — Mateus 11:28-30**

   Jesus oferece serenidade através do descanso para os cansados, proporcionando um jugo suave e uma carga leve que acalma a alma.

3. **"Ele se levantou, repreendeu o vento e disse ao mar: 'Aquiete-se! Acalme-se!' O vento se aquietou, e fez-se completa bonança. Então perguntou aos seus discípulos: 'Por que vocês estão com tanto medo? Ainda não têm fé?'" — Marcos 4:39-40**

Jesus traz serenidade literal e simbólica ao acalmar a tempestade, encorajando a fé como o caminho para a paz em meio ao caos.

4. **"Respondeu o Senhor: 'Marta! Marta! Você está preocupada e inquieta com muitas coisas; todavia apenas uma é necessária. Maria escolheu a boa parte, e esta não lhe será tirada'." — Lucas 10:41-42**

   Jesus contrasta a ansiedade de Marta com o foco sereno de Maria nEle, ensinando que a devoção a Ele traz paz duradoura.

5. **"Deixo-lhes a paz; a minha paz lhes dou. Não a dou como o mundo a dá. Não se perturbem os seus corações, nem tenham medo." — João 14:27**

   Jesus assegura a serenidade através da Sua paz, que não é como a do mundo, para que o coração não se turbe nem tenha medo.

6. **"Eu lhes disse essas coisas para que em mim vocês tenham paz. Neste mundo vocês terão aflições; contudo, tenham ânimo! Eu venci o mundo." — João 16:33**

   Jesus assegura a serenidade através da Sua vitória sobre os problemas do mundo, oferecendo paz apesar dos desafios da vida.

7. **"Tendo sido, pois, justificados pela fé, temos paz com Deus, por nosso Senhor Jesus Cristo." — Romanos 5:1**

   Paulo vincula a serenidade com a reconciliação com Deus através da fé, estabelecendo uma relação pacífica com Ele.

8. **"Que o Deus da esperança os encha de toda alegria e paz, por sua confiança nele, para que vocês transbordem de esperança, pelo poder do Espírito Santo." — Romanos 15:13**

   Paulo ora pela serenidade através do gozo e da paz, arraigados na confiança e fortalecidos pelo Espírito Santo.

9. **"Não andem ansiosos por coisa alguma, mas em tudo, pela oração e súplicas, e com ação de graças, apresentem seus pedidos a Deus.**

E a paz de Deus, que excede todo o entendimento, guardará os seus corações e as suas mentes em Cristo Jesus." — Filipenses 4:6-7

Paulo ensina que a oração substitui a ansiedade pela paz transcendente de Deus, que guarda os corações e as mentes para a serenidade.

10. **"Que a paz de Cristo seja o juiz em seus corações, visto que vocês foram chamados a viver em paz, como membros de um só corpo. E sejam agradecidos." — Colossenses 3:15**

    Paulo insta os crentes a deixar que a paz de Cristo governe em seus corações, fomentando a serenidade através da gratidão e da unidade.

11. **"O próprio Senhor da paz lhes dê a paz em todo o tempo e de todas as formas. O Senhor seja com todos vocês." — 2 Tessalonicenses 3:16**

    Paulo abençoa os crentes com uma paz contínua de Deus, enfatizando a serenidade como um dom constante.

12. **"O Deus da paz, que pelo sangue da aliança eterna trouxe de volta dentre os mortos a nosso Senhor Jesus, o grande Pastor das ovelhas, os aperfeiçoe em todo o bem para fazerem a vontade dele, e opere em nós o que lhe é agradável, mediante Jesus Cristo, a quem seja a glória para todo o sempre. Amém." — Hebreus 13:20-21**

    Esta bênção invoca a paz de Deus como fonte de serenidade, ligada à ressurreição e à guia de Cristo.

13. **"Mas a sabedoria que vem do alto é antes de tudo pura; depois, pacífica, amável, compreensiva, cheia de misericórdia e de bons frutos, imparcial e sincera. O fruto da justiça semeia-se em paz para os pacificadores." — Tiago 3:17-18**

    Tiago descreve a sabedoria celestial como amante da paz, vinculando a serenidade com uma vida justa e harmoniosa.

14. **"Lancem sobre ele toda a sua ansiedade, porque ele tem cuidado de vocês." — 1 Pedro 5:7**

Pedro promove a serenidade ao animar os crentes a liberar suas preocupações a Deus, confiando no Seu cuidado.

15. **"Ele enxugará dos seus olhos toda lágrima. Não haverá mais morte, nem tristeza, nem choro, nem dor, pois a antiga ordem já passou." — Apocalipse 21:4**

Esta visão da eternidade promete uma serenidade definitiva, onde a presença de Deus elimina toda tristeza e estabelece uma paz duradoura.

O Teu Guia para a Serenidade: Os Doze Pilares

Foco e Clareza Mental

- Sintonize a Serenidade
- Água-marinha
- Sente-se em silêncio por 5 minutos, focando em um único pensamento.
- Anote em seu diário que clareza emergiu do silêncio.

Calma e Serenidade

- Sustente a Serenidade
- Jade
- Use uma respiração 4-4-4 quando estiver estressado hoje.
- Anote em seu diário como a calma fluiu após respirar.

Cura e Equilíbrio

- Irradie a Serenidade

- Topázio
- Experimente 10 minutos de respiração profunda para encontrar o equilíbrio.
- Anote como o equilíbrio mudou com o brilho da serenidade.

Confiança e Resiliência Interna

- Acenda a Serenidade
- Peridoto
- Estabeleça e conquiste uma pequena meta hoje.
- Reflita sobre como a serenidade alimentou sua confiança.

Força e Coragem

- Fortaleça a Serenidade
- Diamante
- Enfrente um pequeno medo: escreva-o, dê um passo.
- Anote como se sentiu a serenidade ao enfrentar seu medo.

Sabedoria e Maior Consciência

- Incorpore a Serenidade
- Esmeralda
- Faça uma pausa antes de tomar uma decisão, deixando que a serenidade guie sua clareza.

- Escreva a percepção que a serenidade moldou em sua escolha.

Tranquilidade e Paz Interior

- Enraíze a Serenidade
- Ametista
- Visualize um lugar pacífico por 5 minutos.
- Anote um detalhe tranquilo que o ancorou.

Amor e Afeto

- Abrace a Serenidade
- Rubi
- Estenda uma palavra amável, abraçando a serenidade.
- Anote em seu diário como se sentiu a serenidade ao conectar-se com outro.

Abundância e Bênçãos

- Manifeste a Serenidade
- Safira
- Faça uma lista de três coisas pelas quais está grato hoje.
- Reflita sobre uma bênção que a serenidade iluminou.

Prosperidade e Compaixão

- Invoque a Serenidade
- Ouro
- Realize um pequeno ato de bondade hoje.
- Reflita sobre o papel da serenidade em sua bondade.

Positivismo e Otimismo

- Infunda a Serenidade
- Citrino
- Reinterprete um desafio com um foco positivo.
- Anote em seu diário como a serenidade gerou uma perspectiva esperançosa.

Transformação e Autorrealização

- Transcenda rumo à Serenidade
- Turquesa
- Reflita sobre uma área que deseja mudar e dê um passo.
- Anote em seu diário o que mudou com o impulso da serenidade.

Estudos Chave sobre a Interrupção da Internet

Estudos Chave sobre a Interrupção da Internet

- Casey, J. A., Fukurai, M., Hernandez, D., Lee, E. K., Morello-Frosch, R., & DeLone, C. (2020). Power outages and community health: A narrative review. Current Environmental Health Reports, 7(4), 371–383. https://doi.org/10.1007/s40572-020-00285-5
- Chen, J., Wu, X., & Zhu, W. (2016). What happened to our environment and mental health as a result of Hurricane Sandy? Disaster Medicine and Public Health Preparedness, 10(3), 314–319. https://doi.org/10.1017/dmp.2016.38
- International Rescue Committee. (2022). Social media, connectivity, and mental health in humanitarian settings. https://www.rescue.org/report
- Kim, H., & Cherry, K. E. (2021). Mental health effects of Hurricane Sandy on older adults. Clinical Gerontologist, 44(1), 47–59. https://doi.org/10.1080/07317115.2020.1837584
- King, G., Pan, J., & Roberts, M. E. (2017). How the Chinese government fabricates social media posts for strategic distraction, not engaged argument. American Political Science Review, 111(3), 484–501. https://doi.org/10.1017/S0003055417000144
- Loader, B. D., Vromen, A., & Xenos, M. (2019). Digital exclusion and its impact on mental health. Information, Communication & Society, 22(5),

689–703. https://doi.org/10.1080/1369118X.2019.1642937

- Lu, Y., & Casey, J. (2017). The mental and physical toll of living without power after a disaster. Environmental Justice, 10(3), 93–97. https://doi.org/10.1089/env.2017.0002

- Magrey, A. A., Wani, Z. A., & Dar, M. M. (2020). Psychological impact of the internet shutdown in Kashmir. The Lancet Psychiatry, 7(4), 301. https://doi.org/10.1016/S2215-0366(20)30045-2

- Savoia, E., Lin, L., & Testa, M. A. (2021). The impact of internet outages on mental health during the COVID-19 pandemic. Journal of Medical Internet Research, 23(7), e26285. https://doi.org/10.2196/26285

- Starbird, K., Dailey, D., & Palen, L. (2020). The emotional toll of online disconnection during disasters. In Proceedings of the 2020 CHI Conference on Human Factors in Computing Systems (pp. 1–12). Association for Computing Machinery. https://doi.org/10.1145/3313831.3376601

- UNICEF Office of Research – Innocenti. (2021). Digital connectivity during COVID-19: Global insights into adolescent well-being. https://www.unicef-irc.org/publications/

- Unknown author. (2016). Interconnected or disconnected? Promotion of mental health in the digital age. World Psychiatry, 15(2), 200–201. https://doi.org/10.1002/wps.20330

- Rydzak, J. (2020). Internet shutdowns and political violence: Evidence from India. American Political Science Review

Glossário

Abundância

Uma mentalidade de prosperidade e gratidão que simboliza o reconhecimento das bênçãos da vida. Nos Doze Pilares do Bem-Estar, associa-se ao cristal de safira, fomentando a riqueza emocional e espiritual. A abundância promove a serenidade ao centrar a atenção na gratidão e na plenitude.

Aliteração

A repetição de sons consonantais iniciais em palavras próximas, um recurso poético que melhora o ritmo e o estado de espírito. Utilizado na poesia para criar um efeito calmante ou enfático, apoiando a expressão emocional e a serenidade.

Alquimia Emocional

A transformação de emoções negativas em positivas por meio de saídas criativas, como a poesia. Um conceito central, converte a dor em beleza, fomentando a resiliência e a paz interior.

Amplitude

A força ou intensidade de uma onda sonora, que determina seu volume. No design de paisagens sonoras, amplitudes suaves acalmam, enquanto as mais altas podem estimular, afetando os estados emocionais e os níveis de serenidade.

Harmonia

A combinação agradável de sons ou ideias. No design de paisagens sonoras, equilibra as frequências; na poesia, alinha o ritmo e o significado, ambos fomentando a paz.

Assonância

A repetição de sons vocálicos em palavras próximas, uma técnica poética que adiciona musicalidade. Melhora o fluxo calmante dos versos, alinhando-se com o uso da poesia no livro para a alquimia emocional.

Atenção Plena

O ato de estar completamente presente, reduzindo o estresse e melhorando o bem-estar. Entrelaçada nas práticas do livro, é fundamental para a serenidade.

Cadência

O fluxo rítmico do som ou da poesia, criado por padrões de ênfase e pausa. Em paisagens sonoras e versos, a cadência fomenta um estado meditativo, guiando os leitores rumo à serenidade.

Calma

Um estado de tranquilidade, livre de agitação. Ligado ao cristal de jade nos Doze Pilares do Bem-Estar, representa uma mente e um corpo em quietude, cultivados por meio de práticas conscientes como o design de paisagens sonoras e a poesia.

Catarsis

A liberação de emoções acumuladas por meio da expressão criativa, como escrever poesia ou interagir com o som. Um mecanismo chave no livro para transformar o estresse em serenidade.

Consonância

A repetição de sons consonantais, frequentemente no final das palavras, na poesia. Adiciona harmonia e textura, melhorando a qualidade calmante dos versos como ferramenta para a estabilidade emocional.

Corte de Internet

Uma interrupção no acesso à internet, explorada como um desafio para a serenidade moderna. Fomenta a dependência de recursos internos como o som e as palavras para a calma.

Córtex Auditivo

A região do cérebro que processa o som. Ativada durante o design de paisagens sonoras e a escuta de poesia, conecta os estímulos auditivos a respostas emocionais e cognitivas, apoiando práticas de bem-estar.

Cortisol

Um hormônio do estresse liberado pelo eixo HPA. As práticas de serenidade como o design de paisagens sonoras e a poesia reduzem os níveis de cortisol, oferecendo evidência fisiológica de seus efeitos calmantes.

Decibel (dB)

Uma unidade que mede a intensidade do som. Compreender os decibéis ajuda a projetar paisagens sonoras, onde níveis baixos (por exemplo, 30-40 dB) promovem a calma, enquanto níveis altos podem perturbar a paz.

Dependência Digital

A dependência excessiva da tecnologia para a vida diária, frequentemente levando ao tecnoestresse. O livro sugere contrabalançá-la com paisagens sonoras, poesia e desintoxicação digital para restaurar o equilíbrio e a serenidade.

Desintoxicação Digital

Uma pausa deliberada do uso de dispositivos eletrônicos para reduzir o desordem mental e o estresse. Promove a serenidade ao reconectar as pessoas ao momento presente e aos ritmos naturais.

Design de Paisagens Sonoras

A arte de projetar ambientes sonoros para o bem-estar. Um método principal no livro, usa sons ambientais, frequências e ritmos para fomentar a serenidade.

Doze Pilares do Bem-Estar

Um quadro de doze princípios para o bem-estar holístico, cada um associado a um cristal (por exemplo, Força e Coragem com Diamante, Calma e Serenidade com Jade). Guia os leitores rumo ao equilíbrio por meio do som, da poesia e da atenção plena.

Ecologia Acústica

O estudo da relação entre os seres vivos e seus ambientes sonoros. Relevante para o design de paisagens sonoras, destaca como o som influencia o bem-estar. A ecologia acústica guia a criação de santuários sonoros pessoais harmoniosos.

Eixo HPA

O eixo hipotalâmico-hipofisário-adrenal, que regula as respostas ao estresse. As práticas de serenidade o desativam, reduzindo o cortisol e melhorando o bem-estar.

Elegia

Um poema melancólico que lamenta uma perda, frequentemente usado para processar o luto. Uma das formas poéticas principais no livro, as elegias oferecem um caminho estruturado para a cura emocional e a serenidade.

Empatia

A capacidade de compreender e compartilhar os sentimentos dos outros. Cultivada por meio da poesia e da conexão humana, a empatia melhora o bem-estar e contrasta com as limitações dos seres sintéticos.

Enjambement

Uma técnica poética em que um pensamento continua de uma linha à seguinte sem pausa. Cria um fluxo fluido e contínuo, refletindo o vaivém das emoções e das ondas sonoras.

Estabilidade Emocional

Técnicas para estabilizar as emoções, como interagir com sons ou palavras. Essencial para manter a serenidade frente a desafios modernos como a sobrecarga de informação.

Estrofe

Um grupo de linhas em um poema. Organiza pensamentos e emoções, fornecendo um quadro para a reflexão e a calma.

Ética da Inteligência Artificial

Princípios que regem o uso moral da inteligência artificial. Explorados no livro como parte da dinâmica humano-tecnologia, questionam como a IA afeta a serenidade. As considerações éticas destacam o equilíbrio entre o avanço tecnológico e os valores humanos.

Expressão Criativa

O ato de transmitir emoções ou ideias por meio da arte, como a poesia ou a música. Central no livro como um caminho rumo à serenidade, permite a liberação emocional e o autoconhecimento.

Frequência

A taxa de vibração das ondas sonoras, medida em hertz (Hz). Frequências baixas (por exemplo, 20-200 Hz) acalmam, enquanto as altas (por exemplo, 2000 Hz) estimulam, moldando paisagens sonoras para a serenidade.

Haiku

Um poema japonês com uma estrutura de 5-7-5 sílabas, frequentemente evocando a natureza. Promove a atenção plena e a brevidade, destilando emoções em momentos serenos e tocantes.

Imagens

Linguagem vívida e sensorial na poesia que evoca imagens mentais. Fortalece a ressonância emocional e a atenção plena, aprofundando a conexão do leitor com a serenidade.

Inteligência Artificial (IA)

A simulação da inteligência humana por máquinas. O livro contrasta as capacidades da IA com a criatividade humana, apontando sua incapacidade de replicar a profundidade espiritual da poesia ou a intuição, enfatizando o caminho único da humanidade rumo à serenidade.

Intuição

A compreensão instintiva sem raciocínio consciente. Guia a criatividade na poesia e no design de paisagens sonoras, distinguindo a expressão humana da saída lógica da IA.

Limerick

Um poema brincalhão de cinco linhas com um esquema de rima AABBA. Oferece alívio leve, equilibrando o trabalho emocional mais profundo com alegria e leveza.

Mapa Sonoro

Um registro de sons ambientais e seus efeitos. Um exercício para aumentar a consciência auditiva, ajudando a criar paisagens sonoras calmantes.

Meditação

Uma prática de focar a mente para alcançar calma e consciência. Combinada com paisagens sonoras e poesia, aprofunda a serenidade e a atenção plena.

Melodia

Uma sequência de notas que formam uma melodia coesa, frequentemente o coração emocional de uma paisagem sonora. Reflete a criatividade humana e pode acalmar ou elevar.

Metáfora

Uma figura retórica que compara coisas diferentes sem usar "como" ou "semelhante a". Enriquece a poesia, aprofundando a compreensão emocional e fomentando a serenidade por meio de conexões simbólicas.

Métrica

O padrão rítmico de sílabas acentuadas e não acentuadas na poesia. Cria uma cadência musical, melhorando o efeito calmante dos versos.

Minimalismo Digital

Um estilo de vida que reduz o compromisso digital ao essencial, melhorando o foco e a paz. Alinha-se com a defesa do livro por um uso consciente da tecnologia para apoiar o bem-estar.

Ode

Um poema lírico que expressa admiração ou emoção, frequentemente direcionado a um sujeito. Inspira assombro e paz, alinhando-se com os temas do livro sobre beleza e serenidade.

Onda Sonora

Uma vibração que viaja por um meio, percebida como som. Compreender suas propriedades (por exemplo, frequência, amplitude) é chave para um design de paisagens sonoras eficaz.

Ondas Alfa

Ondas cerebrais (8-12 Hz) associadas a um estado relaxado e tranquilo, presentes durante a meditação leve ou o fluxo criativo. Potenciadas por paisagens sonoras relaxantes, as ondas alfa são chave para alcançar a visão de serenidade do livro.

Ondas Teta

Ondas cerebrais (4-8 Hz) ligadas à relaxação profunda e à criatividade. Potenciadas por paisagens sonoras, apoiam a meditação e a serenidade.

Otimismo

Uma perspectiva esperançosa, ligada ao cristal de citrino nos Doze Pilares. Constrói resiliência e serenidade ao focar na possibilidade e na luz.

Ocitocina

Um hormônio relacionado ao vínculo e à relaxação. As práticas de serenidade como o som e a poesia podem aumentar sua liberação, fomentando conexão e calma.

Poesia

Uma forma literária que usa ritmo e imagens para evocar emoções. Central no livro, serve como ferramenta para a reflexão, a cura e a serenidade.

Poesia Multicultural

Poesia de diversas tradições que explora a paz e a harmonia. Amplia as perspectivas, mostrando a serenidade como uma busca humana universal.

Resiliência

A capacidade de se recuperar da adversidade, ligada ao cristal de peridoto nos Doze Pilares. Construída por meio de práticas criativas, apoia uma paz duradoura.

Ressonância

A amplificação do som ou da emoção por meio da vibração ou da conexão. Liga o design de paisagens sonoras e a poesia à experiência humana profunda.

Rima

A repetição de sons semelhantes na poesia, criando harmonia. Melhora a memorabilidade e a calma, alinhando as palavras ao poder calmante do som.

Ritmo

O padrão de pulsos no som ou na poesia. Impulsiona o fluxo e a energia, guiando os ouvintes ou leitores a um estado sereno.

Ritmos Binaurais

Uma ilusão auditiva criada quando duas frequências ligeiramente diferentes são reproduzidas em cada ouvido, percebida como um tom pulsante. Usada em paisagens sonoras para influenciar as ondas cerebrais (por exemplo, alfa ou teta), promovendo relaxamento e foco.

Ruído Branco

Uma mistura constante de todas as frequências, que mascara outros sons. Usado em paisagens sonoras para promover o foco ou o sono, criando um fundo auditivo neutro.

Sabedoria

Conhecimento obtido por meio da experiência, ligado ao cristal de esmeralda nos Doze Pilares. Guia uma vida consciente e a expressão criativa para a serenidade.

Santuário Sonoro Pessoal

Um ambiente sonoro personalizado para a relaxação ou o foco. Um exercício prático no livro, capacita os leitores a criar seus próprios espaços serenos.

Serenidade

Um estado de calma e paz, imperturbável pelo caos externo. O tema guia do livro, alcançado por meio do som, da poesia e de uma vida consciente.

Serenidade Bíblica

A serenidade descrita em contextos bíblicos, como a Oração da Serenidade que pede paz e aceitação. Destaca uma dimensão espiritual de calma, fomentando a rendição e a confiança como caminhos para a paz interior.

Seres Sintéticos

Entidades artificiais que imitam traços humanos, como construções de IA. Contrastados com a criatividade humana, destacam a profundidade espiritual da poesia e do som.

Silêncio Consciente

A prática intencional de quietude e consciência silenciosa. Complementa o design de paisagens sonoras, oferecendo um contraponto ao som para alcançar a paz interior.

Símile

Uma comparação que usa "como" ou "semelhante a" na poesia. Adiciona vivacidade, melhorando a conexão emocional e a serenidade por meio de imagens relacionáveis.

Soneto

Um poema de 14 linhas com um esquema de rima fixo, frequentemente explorando o amor ou a natureza. Fornece estrutura para a reflexão, conduzindo à paz.

Sons Ambientais

Ruídos de fundo, como o vento ou o tráfego distante, que criam uma atmosfera sem exigir atenção. Integrados ao design de paisagens sonoras, promovem a relaxação ao se integrarem ao ambiente ou mascararem sons disruptivos.

Sons da Natureza

Ruídos orgânicos como o canto dos pássaros ou as ondas, usados em paisagens sonoras por sua calma inerente. Conectam os ouvintes aos ritmos da natureza, promovendo a relaxação.

Tecnoestresse

Estresse pelo uso constante da tecnologia. Abordado como um desafio moderno, contrabalançado pelas práticas do livro para restaurar a paz.

Timbre

A qualidade única de um som que distingue sua fonte. Molda as respostas emocionais no design de paisagens sonoras, desde calmante até discordante.

Transformação

Crescimento e mudança pessoal, ligada ao cristal de turquesa nos Doze Pilares. Um resultado chave das práticas do livro, que leva à serenidade.

Verso Livre

Poesia sem rima nem métrica fixa, que permite uma expressão sem restrições. Usada no livro para a reflexão pessoal, sua flexibilidade ajuda na liberação emocional e na atenção plena.

Visualização

Criar imagens mentais para melhorar a relaxação ou os objetivos. Combinada com a poesia e o som, amplifica seus efeitos calmantes.

Referências

- Adorno, T. W. (1973). *Negative dialectics* (E. B.Ashton, Trans.). Routledge. (Original work published 1966)
- Adorno, T. W. (1973). *The jargon of authenticity* (K.Tarnowski & F. Will, Trans.). Northwestern University Press. (Original workpublished 1964)
- Adorno, T. W. (1976). *Introduction to the sociology of music* (E. B. Ashton, Trans.). Seabury Press. (Original work published 1962)
- Adorno, T. W. (1997). *Aesthetic theory* (R.Hullot-Kentor, Trans.). University of Minnesota Press. (Original work published1970)
- Adorno, T. W. (1999). *Sound figures* (R. Livingstone,Trans.). Stanford University Press. (Original work published 1959
- Adorno, T. W. (2002). *Essays on music* (R. D.Leppert, Ed.). University of California Press.
- Adorno, T. W. (2006). *Philosophy of new music* (R.Hullot-Kentor, Trans.). University of Minnesota Press. (Original work published1949)
- Bohm, D.(1998). *On Creativity*. New York:Routledge.
- Church, D., & Dispenza, J. (2018). *Mind to matter: The astonishing science of how your brain creates material reality*.Hay House.
- Dispenza, J. (2012). *Breaking the habit of being yourself: How to lose your mind and create a new one*. Hay House.
- Dispenza, J. (2007). *Evolve your brain: The science of changing your mind*. Health Communications.

- Fromm, E. (1997). On being human (R. Funk, Ed.). Continuum.
- Fromm, E. (1989). *The art of being* (R. Funk, Ed.).Continuum.
- Fromm, E. (1976). *To have or to be?* Harper &Row.
- Fromm, E. (1968). *The revolution of hope: Toward a humanized technology*. Harper & Row.
- Fromm, E. (1947). *Man for himself: An inquiry into the. psychology of ethics*. Rinehart.
- Hayes JF, Maughan DL, Grant-Peterkin H. Interconnected or disconnected? Promotion of mental health and prevention of mental disorder in the digital age. Br J Psychiatry. 2016 Mar;208(3):205-7. doi:10.1192/bjp.bp.114.161067. PMID: 26932479; PMCID: PMC4939856.
- Herbert, F. (1965). *Dune*. Chilton Books.
- Herbert, F. (1966). *Destination: Void*. Berkeley Medallion.
- Herbert, F. (1968). *The Heaven Makers*. Avon Books.
- Herbert, F. (1969). *Dune Messiah*. G.P. Putnam'sSons.
- Herbert, F. (1970). *The Worlds of Frank Herbert*. AceBooks.
- Herbert, F. (1972). *Soul Catcher*. G.P. Putnam'sSons.
- Herbert, F. (1972). *The Godmakers*. G.P. Putnam'sSons.
- Herbert, F. (1973). *The Book of Frank Herbert*. DAWBooks.
- Herbert, F. (1976). *Children of Dune*. G.P. Putnam'sSons.
- Herbert, F., & Ransom, B. (1979). *The Jesus Incident*. G.P. Putnam's Sons.
- Herbert, F., & Barnard, M. (1980). *Without Me,You're Nothing: The Essential Guide to Home Computers*. Simon &S chuster.
- Herbert, F. (1981). *God Emperor of Dune*. G.P.Putnam's Sons.
- Herbert, F. (1984). *Heretics of Dune*. G.P. Putnam'sSons.

- Herbert, F. (1985). *Chapterhouse: Dune*. G.P.Putnam's Sons.
- Horkheimer, M.,& Adorno, T. W. (2002). *Dialectic of enlightenment* (E.Jephcott, Trans.). Stanford University Press. (Original work published 1947)
- Matousek, R. H., Dobkin, P. L., & Pruessner, J. (2013).Cortisol as a Marcoer for improvement in mindfulness-based stress reduction. *Journal of Clinical Endocrinology & Metabolism*, 98(2), E374–E382. https://doi.org/10.1210/jc.2012-3124
- Nifco, N.(2007). *Sense-making and communities of tolerance: Emerging outcomes in the modelling of a conceptual framework applying multi-agent systems* (Doctoral dissertation). Fielding Graduate Institute.
- Nifco, N.(2005). A conceptualization of knowledge management practices through knowledge, awareness, and meaning. *Electronic Journal of Knowledge Management, 3*(1), 45–52.
- Nifco, N.(2004). *Effective knowledge management practices under the constructs of knowledge, awareness, and meaning: An organic approach* (Master's thesis). Royal Roads University.
- Nifco, N. (2004). *Systems thinking and the notion to understand an organic self by modelling the principles of organic thinking in a complex adaptive system: Reflections from the Bethel, Main KA3 workshop experience* (HOD 703). Bethel, MA: Fielding Graduate University.
- Nilsson, U. (2007). The effect of music intervention instress response to cardiac surgery patients: A randomized clinical trial. *British Journal of Psychiatry*, 191(3), 234–240. https://doi.org/10.1192/bjp.bp.106.034884
- Oliver, M. (1986). *Dream Work*. Atlantic MonthlyPress.
- Peale, N. V. (1982). *Positive imaging: The powerful way to change your life*. Fawcett Crest.
- Singer, M. A. (2022). *Living untethered: Beyond the human predicament*. New Harbinger Publications.
- Singer, M. A. (2015). *The surrender experiment: Myjourney into life's per-*

fection. Harmony Books.

- Singer, M. A. (2007). *The untethered soul: Thejourney beyond yourself*. New Harbinger Publications.
- Stavish, M. (2006). *Kabbalah for Health & Wellness*. Llewellyn Publications.
- Whyte, D. (1989). *Songs for Coming Home*. Many RiversPress.
- Whyte, D. (1994). *The Heart Aroused: Poetry and the Preservation of the Soul in Corporate America*. Currency.
- Whyte, D. (1997). *The House of Belonging*. ManyRivers Press.
- Whyte, D. (2002). *Crossing the Unknown Sea: Work as a Pilgrimage of Identity*. Riverhead Books.
- Whyte, D. (2003). *Everything Is Waiting For You*.Many Rivers Press.
- Whyte, D. (2010). *The Three Marriages: Reimagining Work,Self and Relationship*. Riverhead Books.
- Whyte, D. (2012). *Pilgrim*. Many Rivers Press.
- Whyte, D. (2014). *Consolations: The Solace, Nourishment and Underlying Meaning of Everyday Words*. Many Rivers Press.
- Whyte, D. (2018a). *The Bell and the Blackbird*. ManyRivers Press.
- Whyte, D. (2018b). *David Whyte Essentials*. ManyRivers Press.
- Whyte, D. (2021). *Consolations: The Solace, Nourishment and Underlying Meaning of Everyday Words* (Revised edition). Many Rivers Press.
- Whyte, D. (2022). *The Sea in You*. Many Rivers Press

Made in the USA
Monee, IL
18 October 2026

66039211R00195